笔绘致美

张琳 主编

康静文 题签

中国华侨出版社

《笔绘致美》编者名单

名誉主编：徐庆平

主　　编：张　琳

编委会成员：

张　琳　陈晓华　罗光辉　王福生　刘又飞　陈文静

邵　然　张　寅　赵子辰　张玉茹　马　文　杨守岐

生莉妍　姜志军　杨秀红　贺艳丽　王　炬　李　超

唐宇飞　李瑞华　方寅玲　李曦阳　张　昂　张　娣

美术编辑：张　寅　张　娣

图书在版编目（ＣＩＰ）数据

笔绘致美 / 张琳主编 . -- 北京 ： 中国华侨出版社，
2012.4
ISBN 978-7-5113-2242-5
Ⅰ．①笔… Ⅱ．①张… Ⅲ．①美术－作品综合集－中
国－现代 Ⅳ．① J121
中国版本图书馆 CIP 数据核字 (2012) 第 038860 号

笔绘致美

主　　编 / 张　琳
责任编辑 / 郭岭松
责任校对 / 吕　红
装帧设计 / 张　寅
经　　销 / 新华书店
开　　本 / 889 毫米 ×1194 毫米　1/16 开　印张 /7.875　字数 /100 千字
印　　刷 / 廊坊市飞腾彩印制版有限公司
版　　次 / 2012 年 4 月第 1 版　2012 年 4 月第 1 次印刷
书　　号 / ISBN 978-7-5113-2242-5
定　　价 / 58.00 元

中国华侨出版社　北京市朝阳区静安里 26 号通成达大厦 3 层　邮编 100028
法律顾问：陈鹰律师事务所
编辑部：（010）64443056　　64443979
发行部：（010）64443051　　传真：（010）64439708
网址：www.oveaschin.com
E-mall：oveaschin@sina.com

真诚盼望这徐悲鸿中学初中部能培养像徐悲鸿那样的人才。

廖静文

廖静文　徐悲鸿纪念馆馆长、中国书画家联谊会主席、全国政协常委

廖静文题

為中國藝术的繁荣進步而不懈奮鬥

祝賀徐悲鴻中學初中部的办校成績斐然

庚 静文

廖静文題

永远热爱真善美

徐庆平题

徐庆平　徐悲鸿中学初中部名誉校长，中国人民大学艺术学院院长、博士生导师，教育部全国高校艺术类教学指导委员会委员，全国政协委员

田伯平题

田伯平　徐悲鸿中学初中部艺术顾问，中国书法家协会理事，北京书法家协会驻会副主席兼秘书长

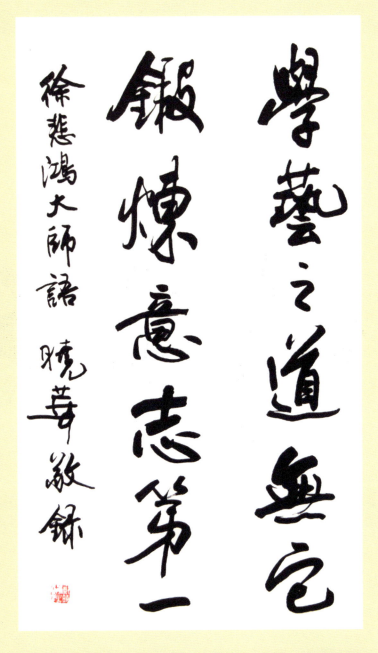

學藝之道無它
鍛煉意志第一

徐悲鴻大師語 曉華敬錄

郑晓华题

郑晓华　徐悲鸿中学初中部艺术顾问，中国人民大学艺术学院党委书记兼副院长、教授、艺术学博士，中国书法家协会理事，北京书法院副院长

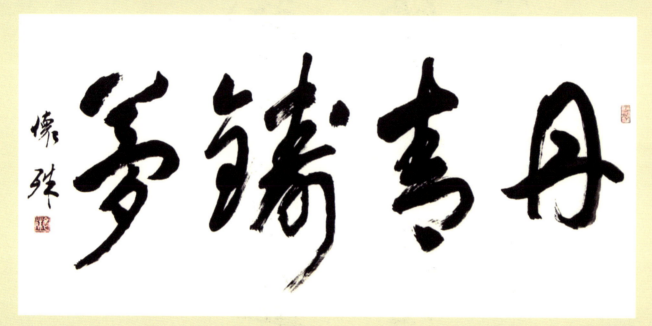

任怀殊题

任怀殊 徐悲鸿中学初中部艺术顾问，中国书法家协会会员，北京书法院副院长

序

  人文素养是人的精神境界、思维方式和行为方式的综合，每一个人所经历的人文教育过程都有三个途径，即：家庭、学校和社会，其中在学校的学习是提升人文素养最重要的渠道之一。美术教育作为培养人文素养最直接的学科，它以提升人的审美能力、促进人的全面发展为最终目的，对学生树立完整的人生观、价值观，陶冶并内化人格起着十分重要的作用。

  作为北京市义务教育阶段的公立美术特色学校，多年来，徐悲鸿中学初中部在扎扎实实完成教育教学基本任务的同时，特别强调促进学生的身心发展。学校注重对每一个学生绘画特长的培养；关注每一个学生学养的丰富。为了适应孩子们成长的需要，学校自主研发了《学生发展课》和《笔绘天下》的综合实践活动，户外课堂、造化为师，使学生从封闭的课堂走向开放的学习空间，将自然之美与人文之美进行有机的整合、有效的对接。

  以美养德、以美启智、以美修身，学校希望通过不懈的努力，使学生具有那种尊敬自然、热爱生命、追求豁达、崇尚真知的素养与情怀。本书是多年来徐悲鸿中学初中部在美术教学中经验的凝练，所有画作均出自13岁至15岁的学生之手，我们旨在与读者分享他们成长的喜悦。愿书中的一切能带给您美的感受，带给您阳光般温暖的感觉。谢谢！

廖静文

2012 年 3 月

PREFACE

By Jingwen, LIAO
March, 2012

Humanity is the integration of the human spirits and the ways of thinking and behavior. The process of the humanistic education that each of us needs to experience is realized in the three ways—family, school and community, among which school learning is one of the most important. As the most direct discipline to cultivate the humanity, art education aims to enhance one's aesthetic ability and promote one's comprehensive development and for the students it plays an important role in helping them to develop a complete outlook on life and values, cultivate and internalize their personalities.

As a public middle school on the stage of compulsory education with the feature of art, Xu Beihong Junior High School has been focusing on promoting students' mental and physical development in addition to making earnest efforts to realize the fundamental education tasks. We pay much attention to the cultivation of each student's painting specialty and the richness of each student's knowledge. In order to meet the need of students' growth, our school independently develops the comprehensive practical activities called "the Development Classes" and "Painting the World". All these outdoor activities help the students go to an open study space from the closed classroom, where students organically combine the beauty of nature with the beauty of humanity and integrate them efficiently.

Raising one's virtue with "beauty", inspiriting one's intelligence with "beauty" and cultivating one's morality with "beauty", Xu Beihong Jurnior High School makes earnest efforts to develop the students with the personalities of respecting nature, loving life, pursuing open-mindedness and respecting the knowledge. All the works in this book are painted by the students from 13 to 15 years old, and we aim to share the joy of their growth with you, our dearest readers. May the book bring you the feeling of beauty and the feeling of warmth like the sunshine. Thank you!

目　录
CONTENTS

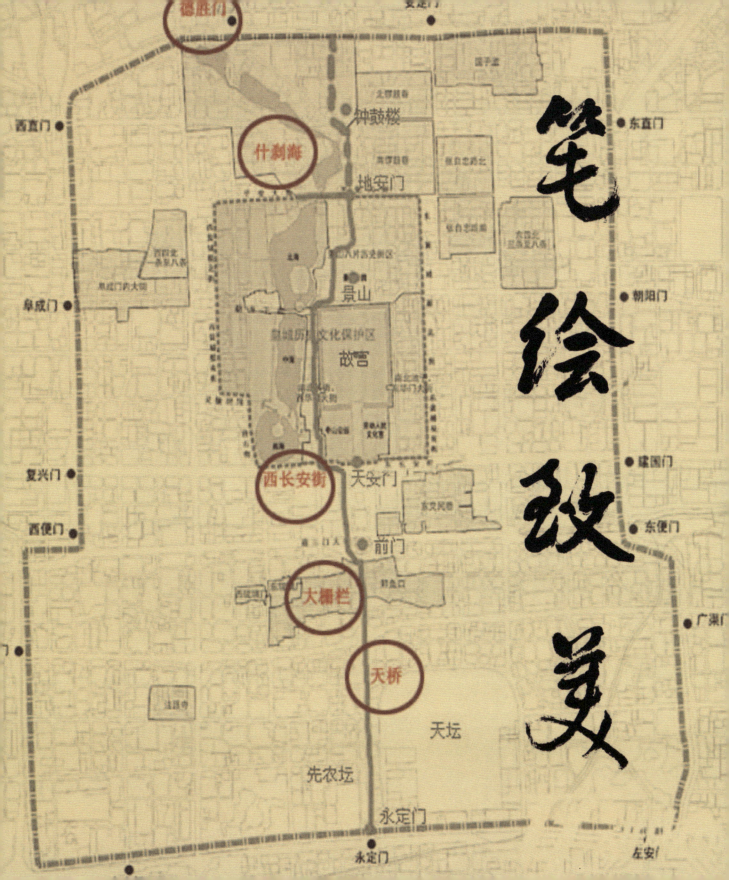

笔绘致美

　　速写是一种以简练而概括的造型元素为载体，迅速地将客观对象或记忆、构思中的形象记录下来的绘画形式。它是绘画的基本功之一。一般情况下速写的篇幅不大，画家的手里或许只有一支笔，但要发现和捕捉的视觉形象却千姿百态。它是搜集创作素材、锤炼致美技艺最有效的手段。它可以营造一个充分发挥想象力和创造力的天地。

　　本书收入的胡同速写，皆出自初中学生之手，是我校美术教学的一大特色。我们没有完全把学生圃于画室，而是把兴趣的目光带到社会和自然的广阔视野，引领学生关注更为宽阔的领域，更多地接触实际事物和具体环境，发展学生的感知能力，从而向思维提供丰富的营养。

　　"美术是人类文化的一个重要组成部分，与社会生活的方方面面有着千丝万缕的联系，因此美术学习绝不仅仅是一种单纯的技能技巧的训练，而应被视为一种文化学习。应通过美术学习，使学生认识人的情感、态度、价值观的差异性、人类社会的丰富性；并在一种广泛的文化情境中，认识美术的特征、美术表现的多样性以及美术对社会生活的独特贡献。"

　　胡同是北京传统文化的重要标识。相对于金碧辉煌的宫殿庙宇、气派奢华的皇家园林和熙攘喧嚣的茶楼酒肆，胡同是宁静的，质朴的；灰色的，和谐的。胡同更能客观的映示普通百姓的真实生活，更能让人在这曾经的生存状态中体察到一种别样的情愫和韵致。

　　同学们的速写作品或许还略显青涩，不尽完美。但令人欣喜的是：美术学习和艺术实践使他们在心灵不断得以净化的过程中健康成长，在求真、求善、求美的道路上愈发豪迈——热爱生活，承继传统，创新发展。他们会用更加醇化的丹青妙笔展现他们对未来前景美不胜收的向往。

笔绘致美
——风景速写概述与表现形式

概述

一、徐悲鸿中学初中部的美术教学与风景写生

作为一所美术专业特色学校，学校每学年都组织初二、初三的学生开展外出写生活动，为了烘托校园环境，提高学生的学习兴趣和自信心，每年都在校内的"悲鸿阳光"画廊举行学生写生作业展；不定期地联系社会上较有影响力的文化场所为学生的作品搭建展示平台。这些做法都极大地鼓舞了学生们学习美术的自信心。

在美术学习中，"外师造化"与"画由心生"具有独特的意义，也是美术创作的精髓所在。因此，学校特别重视学生的外出写生和速写教学。

何谓"速写"？"速写"，顾名思义应该有"速"的特点，但速与慢是相对而言的，没有严格的界限。事实上它根源于西画系统，在西方，"速写"与"素描"没有作刻意的区分，只是传入中国后，与中国的考试制度相结合后被人为地、生硬地进行了区分，其目的是为了在相对较短的时间内考评考生的实际绘画水平。由此可见，这种单纯的以作画速度将速写与素描相区别的看法是简单的、片面的。而真正速写的要义不是用时间的长短来判定的。比如，面对相同的景物，不同的作者绘画所花费的时间、创作的风格与形式可能大相径庭，画得快的短至几分钟，画得慢的长至若干个小时，然而他们的作品可能都是精彩绝伦的。因为他们懂得深入领悟自然，并运用画笔表达情感，只是他们的语言风格、绘画样式不一样，只要他们的艺术造诣和文化涵养不分高下，那其作品也没有优劣之分。

速写是作者进行创作收集、积累各种形象资料，以便集中、概括塑造典型形象的一种手段。

一幅思想性、艺术性高的速写，本身也是一种美术创作形式，同时速写也是锻炼我们观察能力和表现能力的一种方法。速写从生活中来，它真实、质朴。

速写可以是个性化的图像日记，可以是研究生活的某个侧面或是记录生活中某一特殊感受的载体；它也可以是片段，虽不完整，甚至夹杂着文字注解，但它必须平实、饱满、真切。对于初学的学生来讲，不要为了速写而速写，或片面地追求表面效果或特殊技法，而忽略速写的真正目的。要知道真正打动人的作品永远不会仅限于"视网膜的艺术"。

二、"风筝不断线"

"风筝不断线"[1]，代表了吴冠中先生创作观的某些重要方面，这是一篇原载于1983年第三期《文艺研究》的《风筝不断线——创作笔记》。吴冠中先生说："生活中来的素材和感受，被作者用减法、除法或别的法，抽象成了某一艺术形式，但仍须有一线联系着作品与生活中的源头。风筝不断线，不断线才能把握观众与作品的交流。

那么，什么是"风筝不断线"呢？

吴冠中先生在《皓首学术随笔·吴冠中卷》的《这情，万万断不得》一文中，对"风筝不断线"有了更为细致的表述："风筝，指作品，作品无灵气，像扎了只放不上天空的废物。风筝放得愈高愈有意思，但不能断线，这线，指'千里姻缘一线牵'之线，线的一端联系的是启发作品灵感的母体，亦即人民大众之情意"，"如断了线，便断了与江东父老的交流，但线应改细，更隐。今天可用遥控了，但这情，是万万断不得的。"

吴冠中先生的这一席话充分说明了艺术是根源于生活的，割不断的是情，只有当艺术已经深深地植根于生活的血脉之中，才能真正充满生命的活力。同学们要努力追求真实的精神之美，而不是流于表面的现象之美，哪怕在初学的阶段技法不够成熟，绘画过程充满艰辛，只要大的方向

---

1. 出自吴冠中先生的《皓首学术随笔·吴冠中卷》中《这情，万万断不得》一文。"风筝，指作品，这线，指人民大众之情意"。中华书局，2006年10月。

是对的，坚持勤学苦练，加强基本功，一定会事半功倍。

三、"像呼吸一样自然"

对于初学者来说，如何才能画好速写呢？

这是一个老生常谈的问题，而答案却是如此的简练和朴素："让绘画成为你生命中的必需，当绘画之于你'像呼吸一样自然'，一切所谓关于'如何画'的问题便都不是问题了。"我想这不仅是一个关于初学者如何学习绘画的问题，它本身也是一个绘画的基本问题。

画速写要坚持经常画，鲁迅先生曾经说过："作者必须天天到外面或室内练习速写才有进步，到外面画速写是最有益的。"初学者一方面要对速写的基本方法、基本规律认真研究，更要努力提高深入地观察生活、认识生活、艺术地表现生活的能力。这就首先要求同学们满怀热情地全身心投入到学习和生活中去，熟悉和热爱我们的生活，不断探索自己的兴趣点，不断思考和发问，并坚持用手中的画笔把生活中的形象、感触、思考记录在速写本上。

四、"观察"的艺术

速写，用最简短的词汇来概括就是：目识、心记、笔绘。要充分发挥每个创作个体的积极性和创造力。通过最基本的用眼观察、用心体悟、用笔绘画来表达眼之所见、心之所想、身之所感。它是一个相对个体化的情感体验和个性表达，所以不能用一个统一的僵化的标准去衡量不同作品的好与坏，但是作品的优劣还是有相对客观的标准来界定的。

比如，在教学过程中同学们经常会出现相同的问题，通常这类作品画得从表面形式上看非常完整，但就是感觉画得不完善、不到位，好像没画完，这究竟是什么原因呢？

其实这类情况通常是由于绘画者的观察方法有问题所致。初学者往往将"看"与"观察"相混淆，事实上，"看"并不等于观察。"看"只是物象通过光的作用反射到了视网膜上，我们就看见了物体，它本身是一种物理现象，那"观察"究竟是什么呢？

这里我要引用一段福尔摩斯探案的故事：在《福尔摩斯探案全集》中《冒险史》的《波西米亚丑闻》中有这样一个小片段：当福尔摩斯被问及如何能够如此不费吹灰之力就能顺畅地突破层层谜团最终破案成功的时候，福尔摩斯提醒提问者注意其中的一个细节："你常看到从下面大厅到这间屋子的梯级吧？"

"经常看到。"

"多少次了？"

"嗯，不少于几百次吧。"

"那么，有多少梯级？"

"多少梯级？我不知道。"

"那就对了！因为你没有观察，而只是在看嘛。这恰恰是我要指出的要害所在。你瞧，我知道共有 17 个梯级。因为我不但看而且观察了。"

"看"与"观察"看似没有分别，其实区别却是很明显的。上面说过，看只是一种物理现象；而观察则是用心去看，有目的地去看，有选择地去看，而且要深入地去看。而二者最重要的差别就在于"是否真正想看，是否用心去看"。

为了表现内心情感，绘画者要练就一双"挑剔的眼睛"，这双眼睛不但要对破坏画面的东西"视而不见"；同时要对体现内心精神的东西"明察秋毫"。

所以，我想请各位真诚的求学者做如下的尝试，当你今后在遇到诸如"深入画不进去了"、"看不出毛病了"、"不知如何下手了"这类的问题，你要首先问问你自己："我真正认真'观察'了吗？"也许，你会顿时豁然开朗。

五、"画眼"——视觉中心

东晋顾恺之的画论中就曾有过"传神阿堵"[2]的说法，也就是"传神写照尽在阿堵之间"，所谓"阿堵"，就是"眼睛"，那么，作为绘画作品，也一定要有"画眼"。

画眼是集中体现速写作品主要信息的重要部分，往往要作为画面的主要部分多花精力去画，不仅要画充分，还要画出精彩。就风景速写而言，绘画者在取景之后，就应该抓住自己最感兴趣的部分，将它确定为整幅画面的视觉中心，在深入刻画的过程中将它塑造得丰满、充分。通常，在风景速写中，近景和中景比较适合作为"画眼"，而远景往往是应该被淡化的部分。由于近景、中景、远景是相互衬托的关系，所以在进行风景速写时要注意处理得主次分明、详略得当。

六、将内在的精神"物化"

风景速写写生能够培养学生的情感态度、感悟力、观察自然的能力，使其懂得在自然中吸取美的东西。是对传统的在教室中写生的补充和延伸，可以使学生感受到在钢筋混凝土的教室中体会不到的绘画艺术的魅力。

1.速写写生的要义在于将作者的创作精神"物化"

中国自古就有"读万卷书、行万里路"的伟大哲思，指引着我们不断探索新知。"千里之行、始于足下"——我们只有热爱生活、深入生活，才能表现生活。

2."缺少发现"与"路途"无关——珍视内心的感受

虽然外在的景观在速写练习中十分重要，但是人的主观情感体验才是最为重要的。一个不会观察、不懂得欣赏、不愿用心去感受的人不论身处多么美的环境中依然不会创作出好的作品；而一个懂得用心观察、积极思考、珍视内心感受的人哪怕行走百米之内，也能创作出打动人的优秀

2.《世说新语·巧艺》载：顾长康（即顾恺之）画人，或数年不点目精。人问其故。顾曰："四体妍蚩本无关于妙处，传神写照正在阿堵中。" 阿堵即"眼睛"，顾恺之认为绘画传神处不在"四体"而在眼睛，目能传情。传神：指好的文学艺术作品描绘的人物生动、逼真。

作品。所以，在写生过程中的"人"的因素至关重要，而"人"的因素的核心就是"意识"和"思维方式"的问题。

所以，同学们在学习过程中，要摆正努力的方向，不断积极地探索，训练发散性的思维方式，并且持之以恒地刻苦练习，才是真正的学习之道。

七、提升境界，渐入佳境——想象力与创造力的培养

非智力因素在人的发展中至关重要。创新能力的培养，依赖于艺术教育的渗透与融合。如：意志力、品质、自立能力、自强、自尊、自爱的培养。在平时进行速写练习时，我们就在潜移默化中修养品性、陶冶情操。强调绘画时胆要大、心要细、画山要有气吞山河的魄力、画水要有温婉包容的胸怀、画人要捕捉个性特征与灵动之气。只有发挥想象力，创造性地运用个性化的绘画语言，才能真正提升境界，渐入佳境……

艺术教育应润物细无声。

八、绘画是一种态度——养成良好的学习习惯

由于初中生的年龄特点，在初中阶段，养成良好的绘画习惯至关重要。绘画是一种态度，态度决定一切。它要求绘画者专注、投入，并且持之以恒、善于总结和自学。如果你具备如上特质，加上正确的方法和不懈努力，一定会扬帆于艺术的长河，收获硕果。

九、秩序美——绘画中的形式因素

绘画中存在着美的秩序，它包括绘画中的各种形式因素的协调、统一与对立的关系。

点、线、面、体、空间、质感，这种抽象因素的极端化引发出了19世纪末20世纪初的抽象绘画，在20世纪的绘画中非常重视运用绘画的形式美要素，这也成为了现代主义绘画的显著特征。

同学们在进行速写练习的过程中要注重画面中的形式因素，表现画面中的秩序美与空间美，但不要只顾形式而忽略内容，因为形式是为内容服务的，充分地表达作品的内容才是绘画的真正

目的。

十、"取舍"——取景的艺术

速写练习是基本功训练的重要内容，而外出写生则拓展了有限的教学空间，是对传统课堂的补充和延伸。但是，面对开阔的视野，复杂的对象，我们该如何入手呢？

首先就要取景。"取景"就需要取舍，就要造就个性的东西，要善于发现环境中的真、善、美，要学会在有限的空间内表现、创造无限美，同时要使作品具有整体的作品感。

这就要懂得"取舍"，那么何为"取舍"？

"取舍"就是去掉削弱画面表现力的东西，保留画面需要的东西。面对复杂的对象，首先选择你最感兴趣的内容进行取景，我们可以模拟照相机的取景框取景，然后确定横构图还是竖构图，这完全遵循作者的兴趣点和表达的需要，然后再将目光集中在画面中的细节上。注意要始终运用整体的观察方法统观全局，不要顾此失彼。

十一、挖掘物质表层下的精神内涵——艺术源于生活而高于生活

艺术的魅力在于不断的探索和创造，而伟大的创造正是由于深深扎根于生活，深入反映生活，善于捕捉生活中灵动的、鲜活的、恒久的或转瞬即逝的瞬间才具有恒久的生命力。从这个角度上来说，速写是情绪的宣泄、是智慧的凝聚、是生活的记录、是思想的呈现、是情感的传达。

同学们在进行速写写生时要注重对物质表层下的精神内涵的深入挖掘，只有这样才能创作出有震撼力的作品。

世界上并不缺少美，而是缺少发现。[3]让我们运用艺术的形式在生活中寻找美、发现美、感知美、

---

3. 奥古斯特·罗丹（Augeuste Rodin 1840～1917）法国著名雕塑家。1875年游意大利，深受米开朗基罗作品的启发，从而确立了现实主义的创作手法。主要作品《青铜时代》、《思想者》、《雨果》、《加莱义民》和《巴尔扎克》。

组织美、表现美、创造美，表现生活中的真、善、美。

绘画是一个辩证统一的有机整体，虽然速写只是众多艺术门类中的一员，但它是至关重要的一员，它与其他艺术形式是紧密联系在一起的。它是最基础的部件，是最简单易行的。所以，同学们要每天坚持进行速写训练，将它真正融入你的生活。当你的绘画技艺逐步提高时，你也将收获无比的快乐！

"诗中有画，画中有诗"，"山外还有山，水尽还有云"。同学们要积极地探索、勤学苦练，通过自己的努力，记录成长，笔绘致美！

风景速写的表现形式

风景速写的表现形式多种多样。从绘画的表现手法上分可分为：线描画法、线面结合法、明暗画法等。从绘画工具角度，可分为：铅笔画、炭笔画、钢笔画、圆珠笔画、毛笔画、油画、水彩画、水粉画、彩铅画、色粉笔画、油画棒画、丙烯画、马克笔画以及钢笔淡彩画、铅笔淡彩画、炭笔淡彩画等。从色彩角度来分，有黑白画和彩色画两大类。

虽然各种形式的速写绘画效果各不相同，但绘画材料本身并没有高低优劣之分，不同的绘画者可以根据自己的喜好选择适合自己的、掌握程度较好的材料进行绘画；同时在选择绘画工具时也要充分考虑到绘画对象的特点，根据不同的对象选择适合的工具和材料。比如绘画具有历史感、沧桑感的文化古迹，就不适宜运用马克笔来画；再如绘画具有高科技现代感的、时尚的场景就不适合用油画棒这种相对粗糙的材料刻画，而要选择善于精细深入刻画细节的材料，比如铅笔、钢笔等。

下面列举一些风景速写所必须的绘画材料：

铅笔。它是应该放在第一位的，这是起草的必需品。铅笔大致分为两种类型，以 B 开头的铅笔比较软，画出来的颜色较重；以 H 开头的铅笔比较硬，画出来的颜色较浅。

木炭条、炭笔或炭精条。这也是风景速写起草的非常重要的工具。不仅使用灵活，而且可以画出较大面积的柔和的阴影。在这里面：木炭条最为柔软，最适合画阴影，深浅度也比较容易操作。值得注意的是：炭笔比起铅笔来，起草的作品效果会比较好、颜色比较浓重，有视觉冲击力，但是，画错的地方不好清除，因此对学生的基础造型能力要求比较高。

彩色铅笔。一些彩色铅笔是水溶性的，也就是通常所说的水溶性彩色铅笔。有的是没有水溶性作用的，只适合画彩铅效果的彩色画。水溶性彩色铅笔的好处是在起好稿后，可以用毛笔蘸水画出水彩的效果，而且比水彩容易掌握。

油画棒或色粉笔。这两种材料的颜色比较丰富，可以根据所画景物的色彩直接选取适当的颜色去画。油画棒的特点是颜色和颜色的叠加可以绘制出令人惊喜的效果，色彩比较厚重，画坏的地方可以同小刀刮掉，也许会使画面更有层次，但是比较难以掌握，画出来的颜色会偏重。色粉笔的特点是画出的效果比较飘逸，层次感分明，色彩细腻，可以擦除，但是比较易蹭。

毛笔或水彩笔。毛笔或水彩笔的共同特点是笔头是用动物的毛或人造毛制成，分成不同型号，有粗有细，笔锋也有差异。适合表现阴影或是景物的深浅变化，可以用于勾勒，也可以用于渲染。缺点是不易掌握、不能修改。

圆珠笔、水性笔或针管笔。起草的效果和炭笔一样，比较打眼，但是不太适合或那种较大面积的柔和的阴影，笔锋较为犀利，有一定的硬度和强度，可以画出丰富的细节和个性化的笔触，由于不可修改，所以同样对学生的造型能力要求较高。

纸张。选用专门的速写纸或素描纸都可以，可以是白色的也可以是有底色的。但通常认为用较为厚的（110g）白纸是画速写的最佳选择。

橡皮，包括绘画橡皮或可塑橡皮。绘画橡皮使用起来不如可塑橡皮那么灵活，但是擦得比较干净，建议使用比较软的绘画橡皮，比如 2B 橡皮或 4B 橡皮。可塑橡皮的特点是使用灵活，可塑性很强，可以捏成不同形状来修改任何一个小的局部，甚至可以直接用于营造画面的效果。

画板、画夹或胶带。用于固定画纸。

小刀。用来裁纸、削笔、或在画面中营造空间氛围。

画架。用于固定画板。

纸巾或擦笔。可擦拭画面，营造晕染的感觉。

要注意的是：材料、技法本身不是衡量一幅作品好与坏的标准，看一幅作品是否具有较高的水准要取决于艺术家本身的修养和艺术造诣。

下面我们一起来欣赏不同风格、运用不同材料创作的风景速写作品。

铅笔速写

炭笔速写

钢笔速写

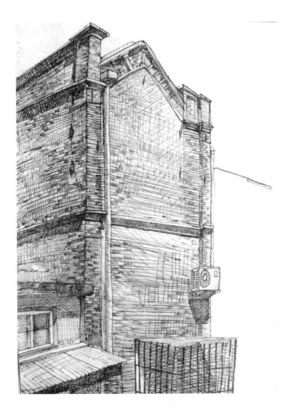

钢笔水墨速写

钢笔淡彩速写

色粉笔速写

天桥
Tian qiao

北京天桥"八大怪"——"穷不怕"
作者：初三年级 宋壮壮

邵然老师点评：

　　这幅作品描绘的是北京天桥"八大怪"铜雕群像之一"穷不怕"。雕像造型洗练、细节丰富、动作夸张、神态生动，小画家宋壮壮用写实的手法表现出了这位街头艺人在开始说单口相声之前，用白沙子在地上写字的情景。此幅作品创意独特、重点突出，人物刻画得惟妙惟肖，反映了画者细致入微的观察生活的能力和较坚实的绘画造型基本功。值得一提的是：这幅作品的构图很有特色，画者有意地将主体人物突出，同时淡化对中景、远景的处理，加强了整体画面的空间感和层次感。这反映了画者在创作中的独具匠心。但是，这幅作品中对人物的刻画略显不足，特别是对面部表情和明暗交界线的刻画不够充分，如果能够更加充实地完善细节，同时变精巧为稚拙，定会效果更好。

北京天桥"八大怪"——"赛活驴"

作者：初二年级　张小雅

赵子辰老师点评：

　　张小雅同学这幅作品空间关系明确，绘画语言运用比较得当，主题明确，主体形象突出。画者很好地抓住了老天桥艺人的动态特征，整体形象生动、自然、动作夸张却不失真实。此画看似简单，其实要对人物和道具的结构动势和位置关系把握得非常准确才能达到理想的效果。

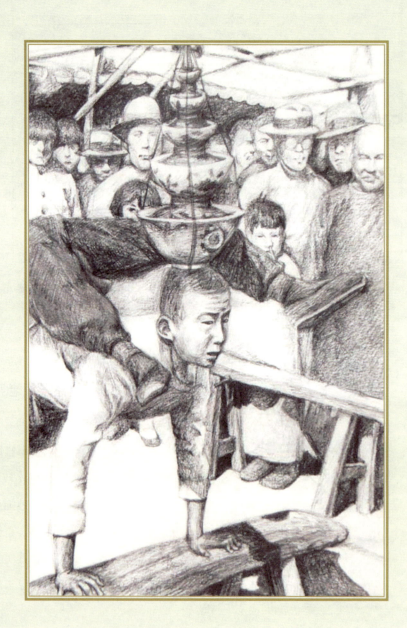

老北京天桥记忆——顶碗
作者：初三年级 董梦丛

邵然老师点评：

　　这幅作品描绘的是老北京天桥卖艺的少年在表演绝活儿"顶碗"。画者采用写实的手法表现了老北京天桥的市井街头文化，展现了中国特殊的历史时期的社会底层文化，卖艺者通过杂耍来维持最低限度的温饱需要，而他们的劳动创造为我国民族民间艺术的创造和发展注入了可贵的力量。当我们用历史的眼光来审视、观察这段记忆，必定感慨万千。小画家董梦丛运用稚拙、朴素、中肯的绘画语言，将自己的情感诉诸于绘画的笔迹，行笔间的抑扬顿挫流露着真情实感和对这段历史记忆的理解。同样是芳华少年，不同的是命运，而相同的是对劳动创造历史的理解。这幅作品采用写实的手法描绘了十余个人物，其创作难度对于一个十四五岁的初中生来说是比较大的，展示了董梦丛同学扎实的绘画造型基本功和善于体察生活细节的能力。其中对主要人物的刻画比较深入，对人体结构、动态、重心的把握比较准确，而其中对主要人物的细致入微的刻画与对中景中人物的虚化处理使得画面繁简有序、详略得当。画者采用明暗调子表现形体的力度与空间和质感，表现出沉重的现实感与历史的厚重感与沧桑感，表现出了画者眼中的历史文化的印迹。如果画者能对主要人物刻画得再深入些，作品定能更加完美。

天桥杂技剧场

作者：初二年级　魏丛惠

赵子辰老师点评：

　　作品构图饱满，明暗关系得当，真实地记录了新天桥风貌的同时不失绘画的表现力。此类建筑垂直线和水平线较多，很容易表现得平淡死板，但是魏丛惠同学对画面的处理较好，主要归功于其生动的艺术语言和画面略有节奏感的虚实和黑白关系。醒目的"天桥杂技剧场"大字标和整齐规划的建筑结构突出了新天桥的繁荣景象。

拉洋片

作者：初二年级 李正昊

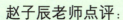

赵子辰老师点评：

　　拉洋片是中国的一种传统民间艺术，李正昊同学的作品人物形象生动，表演者立于道具旁边似乎在配合洋片的转动说唱，又似乎在叫卖招揽生意。整幅作品很好地渲染出了市井热闹的气氛。

天桥百货商场

作者：初二年级 韩粤

张寅老师点评：

　　韩粤同学在绘画方面优势突出，在平时的课堂作业中就显示了一定的形体塑造能力。可谓小女生有大手笔，用笔肯定。此幅作品描绘的天桥百货商场，作者用一贯的熟练线条，将商场的建筑外形描绘出来，用线放松。但在调子的处理上不够严谨，不到位。主要原因是在绘画前没有考虑清楚采用哪种表现形式。

天桥八大怪——耍中幡
作者：初二年级 李嘉运

赵子辰老师点评：

　　天桥耍中幡作为天桥三宝中的一项绝活，是老北京市井文化的瑰宝。李嘉运所描绘的人物形象肌肉结实，动作夸张，高高的中幡挺立在空中，很好的表现出了天桥老艺人的精彩表演瞬间。美中不足是小画家对背景的处理过于简单。

张寅老师点评：

　　盛天楠同学的这幅作品把老北京天桥传说的曹麻子刻画的活灵活现，构图稳重，采用明暗调子速写的形式来创作。黑白关系处理得明确，体积感强，主体物突出。人物描绘得细致入微、形神兼备。遗憾的是后面围墙的界限太过强调破坏了整体的空间感。

天桥八大怪——曹麻子
作者：初二年级 盛天楠

大栅栏

作者：初三年级 蔡宙桥

西壁营胡同

刘又飞老师点评：

　　蔡宙桥有几分散淡，但画起画来很有几分认真，素描尤为突出。此次南城胡同速写画得格外认真，几异其稿，反复推敲，使画面远近虚实得当，线面力求变化，又不失统一。使一条空无一人的细长胡同，给人一种说不出的空灵之感。当然还存在不足，像速写中的繁简关系，概括手法还应该深入研习，领悟其中的妙处，很多东西是要从画外来充实自己的。

排子胡同

作者: 初三年级 杜耀

马文老师点评:

　　杜耀同学的这幅作品构图画得比较完整, 能够表现出胡同深远的空间感, 而且运用高低错落的处理手法, 注意了细节的深入刻画, 人物和晒的被子以及电线杆和广告牌等给平静的胡同增添了不少生气, 并且画面中还运用了点线面结合的表现方法, 电线的交错和虚实的处理, 既表现了真实的一面又注意了不显凌乱的视觉效果, 特别是明暗对比的处理表现出强烈的阳光照射的感觉。但应该注意的是画面中的一些透视线要进行调整, 地面上的投影的边缘线不要过于生硬, 应有所变化。

作者：初三年级 刘一宏

石头胡同

马文老师点评：

　　这幅刘一宏同学的作品将老北京石头胡同狭窄、弯曲的特点真实呈现出来。画面构图饱满，线条比较熟练，并且注意了线条疏密和近实远虚的处理手法，使画面具有深远的空间视觉，同时高低错落有致的房屋以及斜线的运用，让画面显得生动活泼；背光面整体富于变化，充分地表现出光线感和画面黑白灰的节奏感。应该注意的是电线的组织和近景房屋的具体刻画，平时还应注意加强人物速写的训练。

培英胡同

邵然老师点评：

　　这幅作品画得很放松，用笔大胆、语言概括。画面构图很有特色，强烈的透视表现出很强的进深感，将观者的目光引向远处。这幅作品很注重画面的点、线、面、黑、白构成关系，对用笔、用线的曲直、软硬、虚实、轻重、缓急的节奏感把握得比较好。对近景中的细节处理也比较到位，因此，整幅作品具有较好的整体的视觉效果，但是画面的右下角显得有些空洞，与画面的其他部分显得脱节，如果稍加处理，画面会更加完善。

　　此作品对近景中细节的处理体现了作者细致的观察力和耐心。

作者：初三年级　廖怡

纪晓岚故居——晋阳饭店

作者：初三年级 刘雨涵

邵然老师点评：

　　刘雨涵同学的这幅速写作品画得比较到位，构图十分巧妙，他将画面中的视觉中心安排在整幅画面约三分之一的位置，遵循了黄金分割比例，所以整体上给人一种舒适感。其次，他对视觉中心的处理也比较到位。这幅作品他花了很长的时间来完成，在把握整体构图、比例、空间、结构等因素的同时，也将主要部分的细节做了相对比较深入的刻画，重点部分细节的量化使整幅作品变化丰富。从中可以看出作者有着较强的绘画基本功，对透视、形体结构、空间、质感、光线的处理得当。同时，作者将左边的树木处理的相对简练，用笔也比较轻快，左边的树木与右边的建筑相互辉映，栩栩如生，虽寥寥数笔，却能虚实得当，动静相生，恰似一缕清风掠过，不经意间为纪晓岚故居增添了一抹文化古韵。

大外廊营胡同

王福生老师点评：

　　燕妮同学是个文静的女孩，画风却如同大刀阔斧。她抓住了胡同在阳光照射下的一种感觉，用强烈的对比手法将观者的目光引入寻常百姓家。建筑多用直线表现出一种坚固的效果。而画面中的植物则用炭笔的侧锋制造出轻松且随意的效果。斜躺在路上的影子既保证画面的均衡又使原本单调的路面出现变化。

作者：初三年级　燕妮

作者：初三年级 陈鸿博

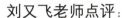

同仁堂

刘又飞老师点评：

　　读陈鸿博的画，无论是在造型上还是色彩的表达上，都会感觉他比同龄孩子成熟一些，这与他在平时绘画训练中刻苦、执著是分不开的。从一入学我就发现他很踏实，并对美术有浓厚的兴趣，在画室里从不受周围环境的影响，大多数孩子会觉得画石膏素描很枯燥，画一段时间就坐不住了，可他从不，总是很认真、投入，人也很平和，与他交流的时候，脸上还总有几分羞涩，言语不多，但在艺术上的悟性不错。

　　这次的南城胡同速写，也能从陈鸿博的画中看到他追求完美的性格，不张扬，尽精微，每张作品都很深入，造型严谨，包括透视都很准确，虚实得当，繁简有序，内容与形式结合，主题突出，表现出了他对旧城新貌的理解和对中国传统文化的情感流露，当然画面里有些地方还不乏一个少年的幼稚，相信他在今后的绘画道路上会越走越扎实，成为有为的美术人才。

铁树斜街

作者：初三年级 吕佳芳

陈文静老师点评：

　　此幅速写通过线面结合的形式表现了铁树斜街的全貌，画者运用简洁的线条表现了景物的形体结构，在砖墙、瓦楞、植物、路面等处运用疏密有致的线条排列达到面的转折，画面还应在线面结合时注意营造景物之间的层次感。线面结合的速写可以充分发挥线条和调子的各自优势，使画面显得既概括又丰富，既简洁又具体，既有流畅生动的韵律又有深入具体的内容。

燕家胡同

作者：初三年级 蔡帅

刘又飞老师点评：

　　蔡帅同学的这幅速写初看有些草草，再看却能从中品出几分情趣，不很严谨的造型，松散的透视，透着北京小胡同的浪漫，打开的门、敞开的窗和墙角堆放的杂物，却能流露出画者的审美，但作为初学画者，还应在基本功上多下功夫。

东南园头条

作者：初三年级 何臻一

王福生老师点评：

　　这已不是典型的老北京胡同了，洗练的建筑造型和砖混结构改变了传统样式。汽车和空调进一步揭示了旧貌已换新颜，画面的线条组织得疏密得当，远近层次清楚。

　　树叶的画法尚显单调，但对于近景汽车的遮隐处理还是表现了小画家的聪颖和概括能力。

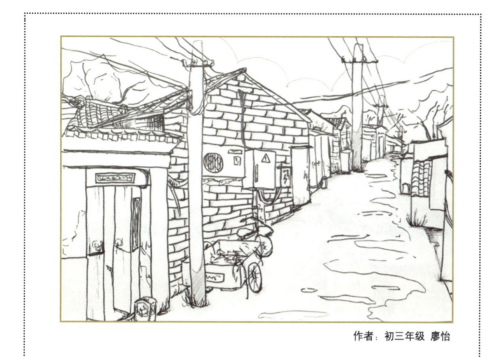

作者：初三年级 廖怡

南火扇胡同

邵然老师点评：

　　这幅作品运用线条作为主要的表现手段，画面处理得比较生动，有着浓郁的生活气息。虽然用笔比较随意，但画面却有着相对严谨的结构，体现了作者对画面的组织能力。此幅作品体现出了线条作为造型语言的丰富表现力，如刚柔、曲直、虚实等，运用这种绘画语言可以将中景的细节刻画得深入些。

　　但是这幅作品对于远景的处理显得过于草率、简单、概念化，近景、中景、远景应该是相互衬托的，注意写生时不要在绘画形式上产生脱节。此外，中景中的个别物体的透视不够准确。

东北园 7 号

作者：初三年级 刘雨涵

邵然老师点评：

　　这幅作品画得十分生活化。作为画面主体的建筑被安排在画面正中略微偏右一点的位置上。门楼顶上层层叠叠的瓦片和门两侧的透视线自然地将观者的视觉引向了画面的视觉中心——门洞，作者运用粗细、软硬、深浅、虚实各不相同的线条和概括的光影处理，表现出了前后空间中的层次关系。

　　作品用笔流畅、质朴，绘画语言丰富，表现出建筑古朴的艺术特点，画面的整体控制比较到位，细节刻画比较深入、生动、耐看。

钱市胡同

作者：初三年级 李鑫

王福生老师点评：

　　这种狭窄如夹壁的胡同，在当今的北京已不多见。李鑫同学采用了西方一些大师的钢笔加墨水组合的画法，在疏密处理上概括而大胆。画面中几条长的透视线相聚于胡同深处，使得视觉焦点非常明确。墙面上裸露的碎砖和斑驳似乎在向人们传递一种悠远的信息。

廊坊胡同

作者：初三年级 李鑫

王福生老师点评：

　　北京的胡同历经岁月更迭，其风格已不那么统一，画者的目光投向了一处带有洋味的建筑。在以刚直线条为主的画面结构中，一株葱茏的树冠昭示出生命迹象，近景的建筑护板围住了主体部分，一场颠覆性的改造工程已经悄悄走来，但愿把那棵苍翠的树木留住。

樱桃胡同

作者：初三年级 侯鑫研

陈文静老师点评：

　　此幅速写描绘了樱桃胡同的场景，通过近处高低错落的房屋与远处房子形成的透视角度来显现小巷的深邃，画者在砖墙、瓦楞等处巧妙地运用不同线条疏密排列表达小巷的建筑特点。现实生活中的客观物象有它自身繁复精密的构造，作为速写，更要在短时间和寥寥数笔中去再现或表现对象，除了要敏锐感受、拨冗去繁、提取要素外，更要注意营造画面，表现一种形的秩序以及一种绘画语言各因素的秩序。

甘井胡同

作者：初三年级　霍芊芊

王福生老师点评：

这是一幅比较典型的《胡同》速写作业，好像是早晨的光线效果，影子的反差不很强烈，空气清新，路面整洁干净，能感觉到街面两侧是传统的四合院，院子内外皆种有树木，邻里之间互相问候，一派祥和的景象。

如果对中景的门楼多用些笔墨，效果会更好！

前门西后河沿街

作者：初三年级 李翀

邵然老师点评：

这幅作品结构紧凑，表现出了前门西后河沿街的市井文化。作品中随处可见人们生活中的日常用品，如空调、晾晒的衣服、植物、扫帚等，增添了生活的气息与情趣，体现出了作者认真、细致的观察能力和组织画面的能力。作者对画面的整体驾驭能力较强，对近景、中景、远景的处理有条不紊、线条繁而不乱，对生活细节的处理生动、有趣、栩栩如生。作者对画面近景中的细节刻画得非常丰富、富有变化，强烈的透视和线条疏密有序的组织不但表现出了强烈的空间感，也反映出了作者严谨的治学态度。

但是这幅作品近景中的个别物件的透视不够准确。

西长安街
XI CHANG AN JIE

中南海

作者：初三年级 刘能毓

赵子辰老师点评：

　　刘能毓同学的这幅作品构图饱满，风格细腻严谨，建筑的硬朗和树木的柔和相得益彰，互相衬托。这幅作品在绘画技法上用到了钢笔和炭笔两种绘画工具，钢笔勾勒出新华门的主体结构以及中国古建筑特有的琉璃瓦顶和朱栏护廊，钢笔的细腻线条表现出中国古建筑的精致典雅之美，之后运用炭笔在画面上施以明暗，有效地加强了建筑的体积感和新华门的庄严和壮丽。

张寅老师点评：

　　柴源同学的这幅作品描绘的是西长安街上具有代表性的建筑——电报大楼。作品采用竖构图，更加凸显了大楼的气势恢弘。画面的表现手法主要采用线面结合，将电报大楼用重色调去表现，也体现了建筑物的坚固和历史的痕迹，作者细致的刻画让观者仿佛又听到了熟悉的电报大楼的钟声。透视线在描绘建筑物的速写中显得尤为重要，这幅作品的一些透视线还存在问题，需要进行调整，另外树木的表现尚显呆板，不够生动。

电报大楼

作者：初二年级　柴源

西单印象
作者：初三年级 谢玥

邵然老师点评：

　　这幅作品描绘的是北京西长安街西单一带的风景。长安街是北京的心脏，西单则是长安街西段的一大地标。历经多年，西单一带的沧桑变化见证了祖国经济、文化发展的日渐繁荣。小画家谢玥用轻松的笔触描绘了自己眼中西单的风景，用笔轻松，宛如雀跃的音符在画面中跳动，有着音乐般的灵动和节奏感。画者用浅淡的明暗调子描绘出晴朗的天空、斑驳的树影、现代化高耸的建筑群、微微拂动的树叶……生动的笔触和变化微妙的细节表现出了一派瑰丽、繁华的景象。如果画者能将建筑的结构处理得更加严谨、将明暗的层次处理得更加浑厚有力，定会取得更好的效果。

西长安街街景
作者：初二年级 张世博

张寅老师点评：

　　张世博同学是个内秀的男生，绘画上比较细腻有耐心。这幅速写主要以线条为主，描绘了西长安街街道的风景。主体物牌楼在作者的笔下被刻画得更加精致。整幅画面的空间关系处理得较得当，作者着重刻画了位于中景的牌楼，对于远景楼房则采用了简练的概括手法，这样使得画面既在疏密上形成对比，又拉开了景物的空间感。在画面中添加了一些人物，使得画面更加生动，街道也充满了生气，对于人物的刻画应再仔细考究，路面的线条处理也略显生硬。

邵然老师点评：

刘雨涵同学的这幅作品体现了他比较坚实的绘画功底，火德真君庙在他的笔下被刻画得浑然天成、气度非凡，体现了中国传统建筑和道教文化的独特魅力。这幅作品是使用黑色签字笔绘画而成的，画面中精细的线条语言与真君庙恢弘的气质形成对比，既表现出丰富耐看的细节，又不失整体的端庄气度。特别是对歇山顶的精细描绘，体现了画者对对象结构的理解、熟练的绘画技艺和创作过程中的投入与专注。这幅作品的画面处理张弛有度、主次分明，体现了画者独特的主观视角。如果能够在此基础上更加注重体现建筑特有的神韵，必能更加凸显中式传统建筑的文化内涵，收获更好的效果。

火德真君庙
作者：初三年级 刘雨涵

三轮车

作者：初三年级 董梦丛

邵然老师点评：

　　董梦丛同学用线描的手法表现了什刹海独特的人力三轮车文化。首先，准确的透视关系是这幅作品的亮点之一。画面中的三轮车由近及远排成一行，从近景中的三轮车到地平线上远景中的景象呈现了由近及远的深度变化和秩序感，构图也很别致。其次，画者对线条的处理比较到位。线条是这幅作品中的主要的造型语言，线条粗细相间、疏密有序、曲直不同、长短各异，体现了画者的绘画情趣。第三，画者对这幅作品的节奏把握得比较好，通过线条的丰富变化表现了三维的空间关系，如果能够将线条处理得更有力度些，线条的表现力会更强，效果会更好。

什刹海小商铺

作者：初三年级 谢玥

邵然老师点评：

　　谢玥同学用线面结合的手法表现了什刹海的商业文化与传统文化的相互碰撞与融合。画面的构图很有特色，层次丰富。近景中的一位老人正在专注地调配各种食物的作料；中景中的篮子里盛放着香喷喷的面食；远景中的人们来来往往、穿梭不息，一派繁荣的景象。这幅作品画面中的内容非常丰富、人物比较多，有一定的绘画难度。但是画者却将其处理得有条不紊、秩序井然，体现了画者敏锐的观察力、较强的概括能力和表现能力，体现了平素扎实的基本功。如果能够加强对人物神态的精细描绘，使人物更加生动传神，效果会更好。

古屋
作者：初三年级 陈鸿博

邵然老师点评：

　　陈鸿博同学的这幅作品展现出一种曼妙的意境。近景中的古树遒劲有力，虽经历了岁月的沧桑巨变，却还保存了旺盛的生命力；远景中的房屋若隐若现，近景中的树叶虚虚实实，两者相互辉映，体现出了什刹海特有的人文景观。作品气韵生动、骨法用笔，绘画语言精到洗练，处理手法整体、概括，体现了画者独特的视角，轻松、明快的笔触和斑驳的光影处理体现了画者扎实的绘画基本功与绘画情趣。

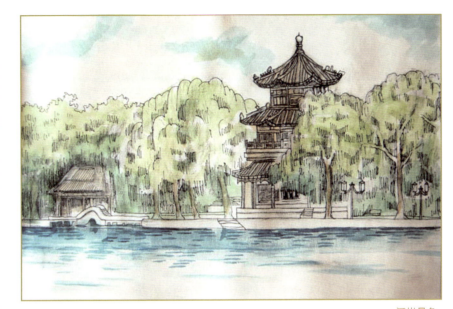

河岸景色

作者：初三年级 许宝卓

邵然老师点评：

　　许宝卓同学的这幅作品是采用钢笔淡彩的方法绘画而成的。整幅作品画面完整、格调素雅、色彩清新、充满诗意。近景中的水面平稳而厚重；中景中的建筑古朴而稚拙，成行的垂柳洒脱而飘逸；天空中的朵朵白云轻薄而柔软……明快的色调体现了画者轻松的心情；丰富的色彩体现了画者敏锐的感受力；准确的塑造体现了画者扎实的绘画基本功。如果能够将画面中的细节变化处理得再丰富些，效果会更好。

德胜门

作者：初二年级 李嘉运

赵子辰老师点评：

　　这幅作品给人的第一感觉就是画面中所表现的建筑宏伟挺拔，气度不凡。李嘉运同学很好地抓住了德胜门城楼给人带来的庄严大气的感觉。整体画面看似简单，其实通过琉璃瓦和窗子的细节处理可以看出小画家对这幅作品倾注了大量的精力。窗子和琉璃瓦的表现光感十足，突出了古建筑的典雅和硬朗。美中不足是画面构图过于饱满。

德胜门楼

作者：初二年级 柴源

赵子辰老师点评：

    这幅小速写在构图上其实是颇有些难度的，但是柴源同学合理地安排了构图，古朴的德胜门城楼，在柴源同学的笔下却注入了活力，显得生机勃勃。这幅小风景画用笔自如灵活，显示出小画家的灵性，不足之处是云彩的描画略显稚嫩，建筑的透视线也不够准确。

张寅老师点评：

    张世博同学的这幅作品描绘了德胜门城楼及城楼下街道的景色。仰视的角度对于初中生来说透视不容易把握，而张世博同学做到了。整个画面主次分明，既有对城楼整体大气的描绘，也有对街景的细节刻画，张弛有度。美中不足是城墙的砖瓦描绘得过于草率。

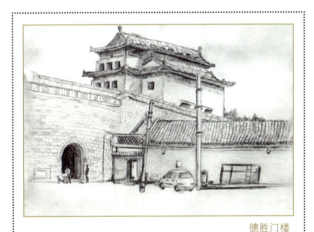

德胜门楼

作者：初二年级 张世博

悲鸿记忆

徐悲鸿（1895—1953），江苏宜兴屺亭桥人。中国现代美术事业的奠基者，杰出的画家和美术教育家。

徐悲鸿出身贫寒，自幼随父亲徐达章学习诗文书画。17岁时便在宜兴女子初级师范等学校任图画教员。1916年入上海复旦大学法文系半工半读，并自修素描。1917年留学日本学习美术，不久回国，任北京大学画法研究会导师。1919年赴法国留学，考入巴黎国立美术学校学习油画、素描，并游历西欧诸国，观摹研究西方美术。1927年回国，先后任上海南国艺术学院美术系主任、中央大学艺术系教授、北京大学艺术学院院长。1933年起，先后在法国、比利时、意大利、英国、德国、苏联举办中国美术展览和个人画展。抗日战争爆发后，在中国香港、新加坡、印度举办义卖画展，宣传支援抗日。后重返中央大学艺术系任教。中华人民共和国建立后，任中华全国美术工作者协会（现中国美术家协会）主席、中央美术学院院长等职，为第一届全国政协代表。

徐悲鸿的作品熔古今中外技法于一炉，显示了极高的艺术技巧和广博的艺术修养，是古为今用、洋为中用的典范，在我国美术史上起到了承前启后、继往开来的巨大作用。他擅长素描、油画、中国画。他把西方艺术手法融入中国画中，创造了新颖而独特的风格。他的素描和油画则渗入了中国画的笔墨韵味。他的创作题材广泛，山水、花鸟、走兽、人物、历史、神话，无不落笔有神，栩栩如生。他的代表作油画《田横五百士》、《溪我后》、中国画《九方皋》、《愚公移山》等巨幅作品，充满了爱国主义情怀和对劳动人民的同情，表

现了人民群众坚韧不拔的毅力和威武不屈的精神，表达了对民族危亡的忧愤和对光明解放的向往。他常画的奔马、雄狮、晨鸡等，给人以生机和力量，表现了令人振奋的积极精神。尤其是他笔下的奔马，更是驰誉世界，几近成了现代中国画的象征和标志。

徐悲鸿长期致力于美术教育工作。他发现和团结了众多的美术界著名人士。他培养的学生中人才辈出，许多已成为著名艺术家，成为中国美术界的中坚骨干。他对中国美术队伍的建设和中国美术事业的发展作出的卓越贡献，无与伦比，影响深远。

1953 年 9 月 26 日，徐悲鸿因脑溢血病逝，享年 58 岁。按照徐悲鸿的愿望，夫人廖静文女士将他的作品 1200 余件，他一生节衣缩食收藏的唐、宋、元、明、清及近代著名书画家的作品 1200 余件，图书、画册、碑帖等 1 万余件，全部捐献给国家。次年，徐悲鸿故居被辟为徐悲鸿纪念馆，集中保存展出其作品，周恩来总理亲自题写"悲鸿故居"匾额。

徐悲鸿自画像

前进 1941 年 国画
130cm × 76cm

人不可有傲气，但不可无傲骨。

学艺之道无它，锻炼意志第一。

每个人的一生都应该给后代留下一些高尚有益的东西。

人到了山穷水尽的地步，而能够自拔，才不算懦弱！

——徐悲鸿

天 下 情 怀

触摸城市跳动的脉搏

　　每一座城市都是不同的，她们都有着自己独特的情调和格局，游走其间，我们仿佛触摸到了那个城市的脉搏。于是，我们也随之跳动……

　　对于北京人来说，胡同承载着这座古城的历史，同时也演绎着各色的人和事。"有名的胡同三百六，没名的胡同赛牛毛"。这句北京民间的老话，带给人的不仅是那一条条胡同，更是这座城市的缩影和变迁。

　　有一句话这样说"很多时候，吸引我们的并不是事物本身，而是那之后隐藏的深意"。我想用这句话来形容胡同，可谓恰当至极。其实，胡同的魅力绝非那青砖石板，木门灰墙，而是游走其中感受到的那种意境，悠远却又亲近。仿佛一个老者站在时间的十字路口，偶尔一笑，却意味悠长。

　　北京的胡同星罗棋布，大大小小，数目达到七千余条，而每一条都自有一段掌故与传说。我们撷取了其中一部分胡同，让学生用画笔描绘胡同的同时用笔尖记录这里的历史，力求让您观画读文后能够品貌悟韵。这也是我校语文学科与美术学科整合的试验。

语文学科是工具学科，是基础学科。语文的实质其实是人们对于本民族语言文字的一种审美。而美术，我们从学科名称上就界定了其是审美之术、鉴赏美之术、创造美之术。语文、美术这两门学科教学在很多方面可以相互借鉴，而在不断借鉴的过程中，两者又不断地走向融合共同发展。美术学科就其形象性、生动性与语文教学结合在一起，能够充分调动学生的积极性，能够促使他们生动、主动、全面地发展，使他们在愉快的气氛中快乐地学习语文，同时又能感受到美的艺术。学科整合，还有很长的路要走，在今后的教学过程中，我们应该多实践、多思考，力求让有效的学科整合促进学生的全面发展。

请随我一同走进这些胡同吧，触摸城市跳动的脉搏，去领略这里别样的风景，感悟这里别样的古韵。

精致的门环

JING ZHI DE MEN HUAN

作者：初三年级 方舟（画）

初三年级 韩强（文）

有人曾说过什么才是北京的象征？有这样一个回答："胡同"。是的，胡同的确是老北京的象征。胡同可以被人们看成是北京的符号，那胡同的符号呢？应该是胡同里的那一座座小院儿，走在胡同里看着那一个个门口，还有古老的门环、门墩，有种怀旧的感觉，让人浮想联翩，在那一所所门后都隐藏了什么故事呢？

就让我们打开那扇门，那扇古老的门，推开那门环、一探究竟。

古老的门环静默在斑驳的门上，似乎经过岁月的洗礼变得沧桑而深邃。不知过了多少个春秋一切似乎都有了改变，只有门环还静静地挂在门上，经过岁月的沉淀可能没有原来那样的亮丽，可是越来越能体现出胡同的文化。这门环可能见证了许多的故事、人们的欢愉、节日的快乐，可是没有人能见证门环的悠远，而现在它还是静静地挂在那里，继续经受岁月洗礼，见证北京的文化。即使有一天锁扣没了，但是它的精神还在，与北京的文化一起存在。

闭上眼，慢慢地感受……

在朦胧中看到了门环下蕴藏的是北京的文化，不会随时间而磨灭，时间只会让它更加的辉煌。

感受它文化的底蕴……

姜志军老师点评:

　　古老而精致的门环，带给我们无限的想象空间。我曾这样猜测过，无论谁看到这幅画，应该都有种想推开这扇门的冲动吧！门环在作者的笔下已被赋予了内涵：它代表着变迁的历史，见证了人世的悲欢，它虽经受着岁月的洗礼但精神却永存……门环下蕴藏了北京的文化。文章的字里行间无不渗透出作者对北京文化底蕴的感悟，真实而感人，引人入胜。

棕树头条
ZONG SHU TOU TIAO

作者：初三年级 侯鑫研 （画）
　　　初二年级 周　琦 （文）

速写《棕树头条》是侯鑫研学长的作品，拿到这幅作品，从美术专业的角度来欣赏：技巧成熟、近大远小、颜色渐变、层次分明。从画作内容来揣摩：古朴的门楼，北京四合院独有的椽子，精致的大门及两侧的石蹲，还有那石板铺成的台阶，无一不引起我探寻的兴趣，于是我按图索骥，找到了学长画作上的棕树头条。

这里生活着一群快乐的孩子，因为有了他们的存在，胡同仿佛也年轻了好多，置身其中，总能听到胡同深处传来的阵阵笑声。胡同中，除却孩子，最不可缺少的就是那些慈祥的老人们，他们暖暖地晒着太阳，谈论着那些远去的往事，一片和乐、安适的景象映入眼帘。他们中有的年龄已经很大了，但每天依然乐于出门坐在石阶或石墩上，高兴地看天、看太阳、看过往的人群。一辈子都生活在这里的他们，不曾离开，似乎也不曾想离开，在他们眼中，这些胡同远比高楼住得舒适，这里最可人的是那份家的感觉。看到这些快乐的老人，虽然我只是默默地走过，但让我感动的是：这些老人，成为了胡同存下来的重要理由。他们是家的象征。他们的后代可能会走出胡同，在外面精彩的世界闯荡、打拼，但停下来整理思绪时，脑海中会情不自禁地会涌现出胡同中美好的记忆，仿佛推开了幸福的门扉，走进了充满温馨的世界。家的含义一次次被诠释、被认同。

学长选择这个普通的场景作为他作品的主题，我想他的心中也一定有着跟我相同的感觉，就是这里有着太多的寄托，有着太多的故事，它虽然是残旧的，但他证明了古老北京的古老传统，寄托了这里众多居民对家的感觉，我多么希望胡同一直留存，家的感觉一直留存。

王炬老师点评：

"胡同——家"，古老又朴实的话题，小作者用老人的形象巧妙地将两者连接。胡同因为有了老人，生气十足，并且由此弥漫着家的感觉。家因为在胡同中，多了一份温馨和惬意，仿佛回归了淳朴的生活状态。文章没有记叙一件具体的事件，但觉情感层层推进，读来饶有味道。既有对画作理性的思考，更多的是情感上的共同体验。画作、文章两厢感染，增强了我们对胡同文化的认可，以及对胡同中人和事的积极感受。

五 道 街

WU DAO JIE

作者：初三年级 蔡 帅（画）

初二年级 王晶菁（文）

五道街，在以前叫做"五道庙"（因为街内有座五道庙）。它在南城虎坊桥附近。

胡同，在我的印象中它很狭窄。像钱市胡同最窄的地方只有八十公分，两个人相遇时只有侧着身子才能过去。这儿却很宽敞，许多人通过的时候也不显得拥挤。胡同，给人的感觉大多是静谧、安详的。但这儿倒像是条商业街，道路两边不是四合院，而是有两层高的小楼和被改成门脸房的小卖铺、小饭

馆等等。

夏天，有知了在高大的古树上叫个不停，街道边上有些老爷爷穿着浅色的衬衫，手里拿着一把蒲扇，他们也许在听着京剧，也没准三五一群的下着象棋，或者在街道两边谈论些什么。老奶奶们也常常聚在一起，拿个小凳坐在街边，一边聊天一边择着菜。孩子们则在街边追逐打闹着，一会儿躲到街边的店铺里，一会儿又藏到楼后的四合院里，他们是快乐的。

这条胡同一眼望不到头，胡同里人来人往，有骑着摩托车或自行车的，也有沿着街边慢慢走着的，东瞧瞧西看看，来到这里，好像也要把自己融化在这祥和的氛围里，让自己暂时远离城市的喧嚣和现代人生活的压力，来享受一下生活的另一种感觉。这儿没有嘈杂的氛围，人们是轻松快乐的！

我喜爱北京的胡同，无论它是保持原貌的偏僻胡同，还是已被改造成今天这样的商业小街，在它的深处总能透露出一股安静祥和的气氛，总有一股"家"的味道。

唐宇飞老师点评：

　　也许时代的变迁让胡同变了本身的模样，但我相信胡同本真的东西和它独有的魅力一直会传承下去。也许它变得不再热闹，也许它充斥了很多的商业元素，也许它不再像以前那般古旧，但谁说胡同不能随着时代的变化而变化呢？我想，它变的只是外貌而已，它的变化是为了让人们生活得更加惬意，而惬意才是胡同一成不变的真正魅力。蔡帅同学的画作就为我们呈现出了一幅现代城市中的胡同，它不是宁静的代名词，但它依旧是人们生活的地方，依旧是人们茶语飘香的那片地界儿。

每条胡同都有自己的故事，每故事都是有始无终。

与大城市不同，不一定胡同的每一条街，每一条巷都要浩浩荡荡，惊天震地的出世，但岁月积淀下的，要比大城市更具韵味儿。一堵朽墙、一块老砖，当你停下脚步、细细静听时，或许能听到其中历史的沉重和叹息！

时间不等人，明朝的人们还没来得及细细品味的红房金瓦，如今到成了北京一道道壮丽的风景线，处处都散发着让人迷醉的怀旧气息。置身其中，你会羡慕居住在胡同里的人，像桃花源中的人一样，从容地、不慌不忙地生活着。

羊汤小店里热情的大叔，绝对不会冷落热情好问的你，有问必答，甚至倾其所有。不论是关于这个老胡同的历史，还是关于他的祖宗三代。只要他心情好，不但乐此不疲地讲述，更有甚者，还会请你喝碗热气腾腾的羊汤来消化他那耐人寻味的故事。当你聆听时，思绪在大叔语言和羊汤的温润下，飘荡、远行……时过境迁，不论你能体会多少、体会多深，难忘之情感同身受。

告别了羊汤大叔，行走之余，坐在光滑的大理石上休息时，阳光中，你也许会隐隐约约地感觉到石头是温暖的。低头看时，上面一道道旧痕，参差交错。凝视不语，好想参透一道道旧痕中的故事；和曾经的人和事一同欢笑、一同忧伤。

每天都是历史的组成部分，当你定睛凝视沙漏和时钟时，当下的一刻已悄然流逝。但在小胡同里，我们不必担心时间会慢慢溜走，因为这里已被记忆和历史填满，不再流动。也许，就是在那小小的角落里，猫先生知道让时间重新启动的方法，它正趁着时间凝固睡午觉呢！

藏家桥胡同
ZANG JIA QIAO HU TONG

作者：初三年级 吴晓晶 （画）

初二年级 欧阳李月 （文）

王烜老师点评：

　　沐浴着阳光，行走在旧时的胡同小路上，作者仿佛一个可爱的小精灵，带我们认识了热情的羊汤大叔，走进了胡同的遐思与记忆。漫步中，我们一起沉淀、拼接、重构过往的草木风情。迂回的小路、石上的旧痕、暖暖的羊汤、淡淡的往事，让你不舍得加快脚步，仿佛那记忆复制在了自己的脑海中，生怕惊动了它，瞬时会变得荡然无存。作者虽然年纪尚幼，但行文中渗透着"轻轻的，我走了"的浪漫诗意，着实难能可贵。

迎着清晨的朝阳，车辆、行人在为着不同的目的地而在同一条马路上奔波。生活的节奏到哪儿才能停下忙碌的节拍？我有一个好建议，那就是在小齐家胡同里。在并不宽敞的小胡同里，遛一遛弯，散一散步。你的周围全都被清新的空气和小盆栽烘托出的温暖气息所笼罩。

相信在这样一个舒适惬意的环境里，可以完全放松心情。当我有烦恼的时候，来到这里，抬头望一望湛蓝的天空，简单的生活也许就只能在这里才能找到吧。

这幅画似乎使我身临其境，画面左下角是一片空地。一排平房旁边就是几层的楼房。矮小的平房外有一盆盆美丽的植物好像正在等待着花朵绽放，令人心旷神怡，多么的悠然自在。门上似乎还有信箱，等待着秋日的信笺带来问候和温暖。

小齐家胡同位于宣武区东北部，大栅栏街道办事处辖域东部，前门大街以西，大栅栏街南侧，东西走向。东起大齐家胡同和同仁夹道的交汇处，西至煤市街，长约 140 米，宽约 2 ~ 3 米。清代

小齐家胡同
XIAO QI JIA HU TONG

作者：初三年级 郝文璐（画）
初二年级 高若潇（文）

以来此胡同一直称小齐家胡同，因其与南侧的大齐家胡同为邻，并且胡同比较狭小，故名。现该胡同内的居民基本已搬迁，胡同北侧一带，被新时代妇女儿童用品公司使用。

这里，可能是晚上看流星雨的最佳场地，这附近没有城市里闪烁的霓虹灯造成的白色污染；这里，可能是摄影爱好者最佳的拍摄地，这里有许多朴实的居民享受生活的景象；这里，可能是下雨天人们躲雨的好地方，这儿的屋檐可以让你躲在下面休息一会儿……

"众里寻它千百度，蓦然回首，那人却在灯火阑珊处"，这就是我第一眼看到这幅画的感受。用素描的手法，表现出了小齐家胡同平静、平凡的样子。

每到傍晚时分，黄昏里的金光就散落在灰色的老房子上，老房子的影子映在胡同中，这是一种多么美妙的景色啊！

姜志军老师点评：

文章充满生活气息，小作者清新的笔触仿佛能让世人烦躁的心在胡同中得到沉静。本文合理运用环境描写、细节描写将胡同的景色描绘得细腻而耐人寻味，同时又引用古诗词准确而生动地描摹胡同的美，文因景而美，景因情而融，真可谓"一切景语皆情语"。我们能够从文章中领悟到小作者内心的情感所在，其实生活中的美无处不在，要看我们如何用慧眼去发现。

北京是六朝古都，历史源远流长，大栅栏堪称北京最古老最著名的商业街。

晚饭之余，我饶有兴致地闲逛至大栅栏商业街，大栅栏东边从前门大街起，西边至煤市街，位于天安门广场南。虽然夜幕已临，但大栅栏长街之内灯火阑珊，人头攒动，购物的、拍照的络绎不绝。

步入大栅栏商业街内，首先映入眼帘的是街道两边古香古色的建筑群，它们保持着原汁原味的状貌，展现出特有的古代建筑文化。大到整体建筑，小到楼角雕刻，无不精雕细琢，巧夺天工。在这些古建筑屋内的店铺更是种类繁多，琳琅满目，在这里你可以买到传统的手工艺品。这些工艺品，展现了那些手工艺制作者的聪明和智慧。

这条商业街上最大的亮点是那些别有

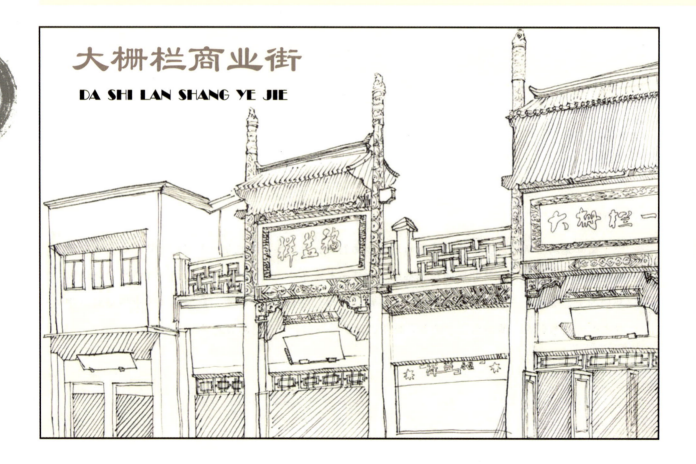

大栅栏商业街

DA SHI LAN SHANG YE JIE

生趣的百年老店。逛一逛这些百年老店，你能感受到北京旧时的街市特色。瑞蚨祥丝绸店，内联升鞋店，步瀛斋鞋店，张一元茶庄，都享有很高的声誉。一些外地的游客都会慕名寻访这些百年老店，老字号也为繁华的商业街增色不少。

与百年老店相对的是一些名牌时装店，它们与时俱进，渲染着现代化气息。逛逛那些名牌服装店，试一试自己喜欢的款式，挑选衣饰的同时，也是在享受生活。

向前不远处，同仁堂药店门口的两只麒麟端坐在那里，威武而不失庄重，它守护着金牌老字号药店。除药店之外，还有远近闻名的狗不理包子铺，逛累了、饿了，你可以坐进店内，美美地吃上一顿具有天津风味的狗不理包子，一饱口福。想在古老的商业街欣赏到大片，当然也不是难事，这条街上唯一的一家电影院绝对是你的不二之选。

世事变迁，五百年的历史风雨洗涤着大栅栏商业街，如今的她，正在与时俱进，承载历史的同时又经历着适应今朝的考验。在过往与当下的更迭中，大栅栏商业街以其独特的魅力让我们欣赏依旧、留恋依旧、遐想依旧……

王烜老师点评：

作者饶有兴致地漫步大栅栏商业街，读者也感同身受。高高的"瑞蚨祥"匾额下，仿佛看到了绸缎加身的店老板和精明的伙计正在接待顾客、计算盈亏。充盈着药香的同仁堂中，仿佛听到了研磨草药、推拉药箱的声音。有了这画面、有了这文字，就有了这熙攘的场景。作者一一介绍，详略有序，读来不觉凌乱，想时声情并茂。顿觉眼前不是实景，胜似实景。

作者：初三年级 丁茜（画）
初二年级 王卓（文）

大栅栏附近一带充满了京味气息，除了那些文房四宝和工艺品外，最值得外国朋友们欣赏和游玩的还是这老北京的胡同。不说外国人，就说北京人真正了解胡同、仔细欣赏过胡同的也不是很多，花一天时间在这大栅栏附近转转，会发现许多许多——北京人的生活，北京人的情调，北京人对生活的理解……

看看大栅栏的地图，会让你更新奇。无数条细长的路井然有序地排列在图纸上，条条相交错着，迷宫一般，真可谓是胡同的天下了。

两三好友到这里悠哉一番，别有一番风趣。我们在这"迷宫"中穿梭着，不知穿过多少胡同，不知领略了多少文化。也不知不觉中就游走到了所谓的"钱市胡同"。不言而喻，是这钱市胡同的来历一定与"金融"有关了。我发现其实这胡同是死的，只有东口没有西口。胡同很窄，仅有一米左右宽。被人们认为是北京最窄的胡同之一。

胡同虽然又窄又短，但名气很大，因为这里曾有钱市——兑换银钱的市场。因为是死胡

作者：初三年级 蔡宙桥（画）
初三年级 夏天翔（文）

同，想在这里抢劫、盗窃或诈骗没有逃跑的路，所以这种小胡同很安全，故而形成了钱市。这几年，不但研究金融史的人对钱市胡同有浓厚的兴趣，一些摄影、美术爱好者也对这条胡同兴趣盎然。钱市胡同成了他们追忆旧京繁华的场所。而今，走在这条小胡同里时，仍然可以感觉到岁月的沧桑，那砖墙和狭窄的过道，走在这里，还真有种进入了"时空隧道"的感觉呢！

说到作为美术爱好者的我们，当然很希望把这沧桑的、古典的、怀旧的、充满文化气息的美跃然纸上。

看这狭窄的道路，这饱经风霜的瓦砾、砖墙。就可以充分体会到钱市胡同的文化底蕴与内涵。作者正确运用了"透视"的效果，使这钱市看起来"曲径通幽处"但又观望不到胡同的尽头，是不是让人充满了悬念感呢？！看到这一幅"胡同蕴图"你是不是已经体会到了作者对这古老钱市的理解和体会呢？

如果你想亲身品味一下这钱市的古老蕴味，那还是自己去实地感受效果最佳了！一定会是一次奇妙的游历……

姜志军老师点评：

文由心生，画亦由心生。钱市胡同——北京众多的胡同之一，却在画者和文者的笔下生动起来。夏天翔同学能很好地把握画面的美感，并用心去追寻胡同的足迹，从画者的角度分析钱市胡同的"曲径通幽"，从画面感悟作品的意蕴所在，实属难得。生活的情趣蕴涵于我们周遭的点点滴滴，愿美术、文学能够带给读者别样的体会！

作者：初三年级 侯鑫研（画）
初一年级时 雨（文）

　　寒假里一个闲暇的日子，我们一家三口漫步在大栅栏商业街，整洁的街道，古香古色的商铺，富有浓郁的中国传统特色。雕梁画柱，青砖壁瓦，显得格外庄重、古朴。同时也不乏西方特色的建筑，圆顶挂钟，清一色是水泥灰墙，墙壁上雕刻着西方画的图案。街道两旁挂着一对对鸟笼似的灯，柱子漆成红色，因为临近春节，这条街道被装点得十分喜庆，眼前的街景吸引着我的目光。在爸妈的带领下，我进出于街旁的几个商铺，正当我新奇之时，爸爸却边走边叹息地说："唉，这里多了些豪华的装饰，却少了许多朴实的人气。老北京大栅栏的特色被改变了。"于是，爸爸开始给我和妈妈描述起了旧时的大栅栏……

旧时的大栅栏，街边摆满各式小吃，大碗茶、糖葫芦、茶汤，摊煎饼的、卖包子的、卖褡裢火烧的等。一趟逛下来，吃不完就饱得不得了，价格还不贵，包括那些卖小商品的，吆喝声此起彼伏，显得格外热闹，特别有北京风土味道。商贩们为了能够多卖一点自己的商品，会跟你亲热得像老熟人似的。露天摆摊参差错落，购物环境虽然不及现在，但你会感觉无比舒服，人与人之间流淌着真诚与善良。

我们边逛边聊，不知不觉间，走进了街旁的小胡同。这里与大街相比，清静了许多，窄窄的胡同里，没有了红砖碧瓦，灰色的墙面好像也是新粉刷的。爸爸说："这里几户居民共住在一个大院里，出来进去就像一家人似的，比住楼房的有意思多了。最得意的要数小朋友们了，天天无忧无虑，可以玩得很晚才回家，串东家走西家，有的小伙伴吃住都在一起，生活到处充满了乐趣。"

穿过胡同，我们开始往回走了，一路上琳琅满目的商品，没有引起我的一点兴趣，倒是爸爸讲的那些，好像带我到旧时的大栅栏走了一回。就这样，我带着对旧时大栅栏的幻想，踏上了回家的路。

王炬老师点评：

时雨同学是一个有思想、懂事的孩子，在她的行文中，能够感受到独特的感悟能力。爸爸的话，实际上是对上一代甚至是上几代人的生活状态的回溯，那时温馨恬静的氛围是宁静的胡同院落营造的，她的包容带给了人们家的温暖。时雨同学凭借自己的想象，将爸爸话语的场景在脑海中一一展现。听得入神了，难怪无视周围的商品，想得入境了，难怪留下了挥之不去的印记。文章移步之间，景致换了、思绪绵延。

姚 江 胡 同
YAO JIANG HU TONG

作者：初三年级 燕 妮（画）
初三年级 燕 妮（文）

姚江胡同的历史非常古老，影响了北京人的生活，是北京城市中具有重要象征意义的胡同之一。

傍晚时分的琉璃厂，仍是车来人往，不失热闹的气氛。终于在琉璃厂东街找到了姚江胡同，蹀进狭长的胡同，首先映入眼帘的是一个"治印"的招牌，推开玻璃门，里面有一老一少，似是一对师徒，我向他们打听是否听说姚江胡同内有一块石碑。其中有一个人操着一口吴侬软语说："啥石碑？我在这呆了十多年了，没有听说过，你去里面问问吧！"说完闭目养神了。

往里走，胡同显得更窄更曲折了，在前面岔路口的小屋门口，看见几个人在聊天，我就上去问了一下，一个大爷回答我说："我们现在站着的地方，就是以前姚江会馆的门楼啊！三十年前就已经拆了。"我告诉他想看看里面，老人便带着我走到了胡同转弯处的墙脚根上，指着一块石头说："这块就是姚江会馆门楼上的石牌匾，都已经三十年了啊。"大爷说：他们全家来姚江胡同居住有三十多个年头了，他就知道有这块门楼上的石牌匾，至于其它碑石他就不太清楚了。

　　我怀着好奇心，往胡同里面走。但越往里走，里面的历史感很强的房子就越显得灰暗斑驳了，看见会馆北面有一个很大的门楼，就像在电视剧里面看到的那种，显得历史很悠久。

　　这幅速写画的是姚江胡同的一处景观，我选择用炭笔来描绘，因为我感觉这条胡同都是重重地立在那里，用炭笔可以表现出它的厚重感。

　　这次到姚江胡同充分感受到了那里古老的气息，虽然那里没有什么鲜花、绿草，但处处让人感觉很精致。我很喜欢这个地方。

杨秀红老师点评：

　　我仿佛看到：一个冬日的暖暖的午后，一个叫燕妮的小姑娘漫步于北京古老的琉璃厂街道，雕梁画柱的装饰吸引着她，金粉银饰的雕琢让她流连。咦，她怎么停下了，哦，原来是她娇羞的向老者问询着什么，她频频点头，时而环顾，时而遐想。暖暖的阳光，娇弱的女孩，亲切的老者，构成了一幅温馨的老北京街道图景。孩子，你长大了，看到你现在的状态，我流下欣喜的泪花，要知道从前我是都不敢向你进行课堂提问的。现在你却独立琉璃厂街头，为了完美自己的画作，来了解姚江胡同的历史。我的目光继续追随她走近街道，穿越古老历史的街巷，走近了老北京文化溪流中，在古迹中解读历史，在历史中体味文化。

拾 头 巷
TAI TOU XIANG

作者：初三年级 沈圣达（画）
初三年级 胡雁蓉（文）

　　静谧、安详、深邃、狭窄的胡同，一位孤独的老人，穿着臃肿的衣服，拄着拐杖，走在这洒满阳光的小路上。

　　两旁的房屋，已经没有了从前的印记。曾经热热闹闹的胡同，如今，却只有自己孤单一人。曾经再也熟悉不过的人，却一个个，都搬到了楼房。自己的孩子，也都展翅翱翔，飞离了这陪自己一起走过青春年少的胡同。挨家挨户都装上了空调，没有了夏天在大树下摇着蒲扇乘凉的老人，没有了冬天一家人紧靠在一起看电视的温暖。饭馆的烟囱，轰隆轰隆地不停地发出声音，也许是想打破这持续了太久的寂静。远处的几间小屋子，静静地立在那，不知多久了……

　　走进了一家北京小吃店，坐在临街的座位上，闻着炸糕、炒肝儿、卤煮的味道。透过透明的窗户隐约看见，街上，华灯初上，胡同里的每一个院落都已炊烟袅袅，在外面玩得正欢的小孩儿，被大人叫回家吃饭。夕阳西下，暖洋洋的太阳，黄灿灿的，照在回家的人儿脸上，晶莹的汗珠，被太阳照的反射出美丽的颜色，一天的工作虽然辛苦，但一想到家的温馨，回到家闻到家的味道，再多的疲惫、辛劳、压力，都变成为快乐、幸福、温暖，多好啊。

　　街道上的人渐渐多了起来。老人们都出来散步，儿女回到家，和父母一起开心地笑着。街道上热闹了起来，恢复了原来的快乐，小孩儿跑着、跳着、叫着、笑着。这样多好啊。从此，老人不再孤寂，永远快乐。

唐宇飞老师点评:

　　胡同外面是怎样的风景? 是高楼林立的都市吗? 亦是车水马龙的大道吗? 这些都不重要。重要的是隐蔽在城市中央有这样一条宁静的小巷。看,一位孤独的老人拄着拐杖来了。胡雁慈同学猜想他定是为了那一碗炒肝、一块炸糕而来。没错,这才是北京的味道。

佘家胡同
SHE JIA HU TONG

作者：初三年级 沈圣达（画）
初三年级 李萌慧（文）

　　胡同可算得上是老北京的标志啦！简直多得数不胜数，光有名的就有 4000 余条。

　　据说老北京的胡同是从元朝发起的，在这"弄"里，都有一口井。而住在这里的人们，大都是抬头不见低头见，平常乡里人们来来往往，嘘寒问暖，走入这巷，就仿佛跨过了时间的磨合，深深感受到了巷子里的历史与文化气息。

　　小时候在胡同里住，我也总曾听到过这样的叫喊："老李！老李！呦，可算找着你啦！今儿咱哥俩儿杀一盘！"之后就有人从家里那迂迂回回的小院儿里"蹭蹭"绕出来。快速锁定位置，便展开了一下午的"战斗"。随着时间的推移，这看棋和凑热闹的人也越来越多，有几个凑热闹的，便呵欠连天，一会儿一叫道："怎么还不出棋，急死人了！"这时便看见下

棋人额头、鼻翼上的汗堆积了几层。另一方，则摇着蒲扇，慢慢"煽动"那张得意的脸。围观人有的也都是露出了佩服的神色，有的更是打抱不平。也有的，一直在嘀咕："早说让你这么走，你不听啊！"仿佛就连他们庇荫的老树都等急了，时不时落下一片叶子，蝉鸣的声响在极力配合着一切。天色渐晚，巷子里，巷子外来观棋的人却久久不愿离开，下棋人更是深陷其中，不能自拔！直到最后，终于有人喊了一句："吃饭了！"人群才恍然起来，提走挂着的鸟笼子，遛达着回家了。此时电视声、炒菜香，孩子们你追我赶，和下班人急匆匆的步伐，都为这条胡同增添了不少灵气。热闹了不少！

　　住在这胡同里的中老年人儿，在早上，总是有个习惯——遛弯，这一遛，便把巷子里的新闻、告示"遛"回来了，有时还附加点东家长李家短，在遛弯之时，碰见熟人也是在所难免，一句："呦，您这是？"估计半晌才能到家了。

　　大人有大人的事，不关我们小孩子。当然，我们这帮小孩儿，也从未闲着过，每天一放学先把书包扔在地上，跑去胡同里玩个痛快。玩痛快了，自然就会恍然想起，作业没做，之后便是所谓的挑灯苦读。倒也不耽误功课。有时，实在闲来无事，

就在人家家门口搞点恶作剧什么的，现在想想，当年在胡同里的生活还真是趣味无穷！

胡同的印象，是人定的，胡同的好坏，是人判的，胡同的设计，不过是为了更方便地使用！唯一不变的，是它独一无二的存在，留给人们的，是它永恒的记忆！

长长的胡同，总是带给我无限遐想。古老独特的院子，是儿时快乐的源泉。蓝天、白云，在这无尽的轮回中移动，微风拂过脸颊，似那儿时的玩伴尽在眼下。胡同里斑驳的古树，赔掉了一生的年华，只为那置身胡同里的人儿寄予无限乐趣！

李超老师点评：

欣赏着这样的画，咀嚼着这样的文，我不禁感叹90后的学生竟然有如此情怀，那些比我们年长太多的胡同，在90后的笔下竟然能焕发出如此的神采。

小作者用她儿时特有的记忆，带领我们一同回到了从前。不管你是否住过那狭长而幽深的胡同，读了这篇文章，都会有一种温暖的感觉。胡同里的象棋大战每天都会上演。语言描写先声夺人，下棋者的神态描写精彩传神，观棋者的动作、心理刻画也是细致入微。足见小作者的观察能力和语言驾驭能力。

每条胡同都有每条胡同特有的故事，一代代人在胡同里长大、老去，但最值得我们欣慰的是，年轻的一代并没有忘记胡同，而是用他们特有的方式去触碰、感受着胡同——北京古老的旋律。

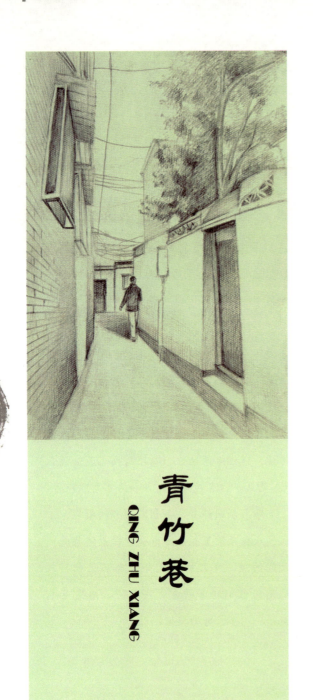

青竹巷

QING ZHU XIANG

这是一条狭窄、弯曲而又悠长的胡同，它有一个美丽的名字——青竹巷。初见这条胡同，仿佛似曾相识，如同童话里的小屋，默默地伫立在胡同两旁。墨黑的砖瓦墙背后时不时窜出一席繁枝嫩叶，风儿吹过，便会响起一阵阵清亮的"唰……唰"声，宛如舒缓的乐章，柔软的枝条和着优美的旋律翩翩起舞，不由得使人心底泛起温暖的回忆。阳光在枝叶交错的缝隙间躲躲闪闪，光线斑驳地挥洒在灰黑的墙壁上。墙沿上的花纹有些发旧，这阳光便成为最淳朴的装点。

漫步在胡同中，放眼望去，满眼都是红灰色调相间，仿佛一幅经过绘画大师妙笔点染的神秘画卷，红色朝气蓬勃、灰色沉默低语，青色郁郁端庄，成为喧闹、时尚的街市中一道古香古色的风景线。偶有三三两两的住户，聚集在大门口，满脸的灿烂，说笑着，他们的笑声荡漾在胡同里。卖冰糖葫芦的，骑着自行车，车子后面插着一串串的冰糖葫芦，他穿梭在胡同里，大声地吆喝着，惹得一群孩子围拢来。孩子们大声地吵嚷着要这串、要那串，最终选到自己认为最满意的一串，举得高高的，跑回家里去了。糖葫芦已成为胡同里老人小孩都认同的美味，这是酸酸的山楂与甜甜的冰糖互溶的美味，甜在心底，喜在心头。

一缕缕微风吹拂着脸颊，一股股清淡的芳

香沁入心脾，自然美与传统美，在这幽静的青竹巷委婉
地融合。没有豪华的壁砖装饰，也无需妖艳的花朵点缀，
在我们的心中，青竹巷美丽依旧。

作者：初三年级刘 硕（画）
　　　初二年级谢 玥（文）

贺艳丽老师点评：

　　谢玥同学的文章有生活情节，更有文化内涵，她以独特视角把自己对老北京胡同的深挚情感很好地展现给大家。

　　作品有着很强的画面感。作者抓住青竹巷真实的生活场景：三三两两的住户聊天，走街串巷卖糖葫芦，蜂拥而上的小孩子这些老北京的胡同里特有的风土人情，再现真实的胡同生活。小作者眼中有景，心中有情，才使作品情景交融，读后使人倍感亲切。其实，这样的场景似乎都曾出现在我们的生活中。可见作者善于观察生活，挖掘生活中真实的画面，捕捉感动的瞬间，只有这样，才能更好地再现生活。

　　作品借助生动形象的描摹，酣畅淋漓地吐露了真情。想象中童话般的小屋、舞动的枝条、阳光的装点，极富动感，胡同的景致真实地跃出了作者心中，呈现给读者朴素而又美丽的画面。胡同，其实已经成为老北京的特殊符号，承载着老北京的历史与文化，对于这些，作者以一种最朴素、最真挚的情感，来书写心中的怀念与热爱。

　　对于一个学习美术的孩子来说，生活的累积、创作的灵感，对文化背景、历史渊源的了解，是创作出好文章，描绘出好作品的基础。

陕西巷二条

SHAN XI XIANG ER TIAO

作者：初三年级 李翀（画）
　　　初二年级 马虹（文）

阴雨绵绵，我独自行走在陕西巷二条。

听雨声悄悄地洒落在石板，无影无形。我信步向前走，走在这条熟悉而又陌生的路上，浓雾漫了过来，遮蔽了我的眼睛。过去的事就像放电影一般在我的眼前闪过，我收起了伞，伸开双臂让自己尽情哭泣。

我的童年就是在这小小的陕西巷二条里度过的。那时候，每天都要拉着姥姥的手穿过小巷，一老一小的身影在陕西巷二条中显得格外亮丽。记忆中的她满头白发，那一条条皱纹总是荡漾着笑意，那是一张慈祥的脸，那慈祥的面孔永远印在我心中。

小时侯，我很乖，乖得孤僻，姥姥为了让我活泼一点，总是和我一起玩啊，和我闹，逗着让我多说话。记得姥姥为我刷布鞋，一遍又一遍，那么轻柔，在阳光笼罩下显得愈发慈祥。刷过的布鞋总是很温暖，上面还留着姥姥手上的余温和淡淡的茉莉花清香。

后来，我长大了，要上学了，爸爸妈妈便把我从姥姥家接走了。在忙碌的日子里，我仍不忘每周回姥姥家一次，看看那熟悉而又陌生的胡同。那条与姥姥的血脉连在一起的胡同，怎能不让我惦记呢？家的前面是路，路的前面是陕西巷二条，陕西巷二条的前面是姥姥呀！再后来，上了初中，越来越忙了，甚至失去了回陕西巷二条看姥姥的时间。于是在记忆中便淡忘了那条石板路，淡忘了陕西巷二条。

今天，我终于抽出了时间回到这里，阴霾的天气使我心中格外压抑。物是人非，姥姥已离我们而去。那挥之不去的情结，只剩下在风中摇荡的思绪。

风儿带着忧愁，小伞悠悠，阴阳两地，陕西巷二条凝结了我对姥姥永远的记忆。

唐宇飞老师点评：

观其画，赏其文，似乎我也被带到了那个属于光阴的岁月中。岁月里也是这样一条幽深而宁静的胡同，在这里，似乎尘世的繁杂都躲在了暗影之中。随意停靠的自行车，墙上漫出的青藤，一抹清净，一抹绿荫。那是斜阳时节吧，趁着这一缕温暖的光，在这幽深而宁静的胡同中漫溯。让岁月的光阴在此刻静止，让往昔的童年再一次浮现。回首那年，我们都还小，不懂得拼打的含义，只迷恋弹子球的碰撞；回首那年，我们都还小，不懂得姥姥脸上的皱纹，只是不停地牵着她斑驳的手。

这里，有一段故事，这里有一道剪影，他们有着相同的名字——时间。

人民英雄纪念碑雕塑

作者：初二年级 杨梦圆（画）
　　　初二年级 杨梦圆（文）

一开始能参与这次的活动，我是很开心的。既然是照着照片绘画就一定会有挑战性。毕竟我的水平还没有到那么好的程度。

我挑的这幅照片是很复杂的，就是特意为了挑战自己的绘画水平。

挑完的时候就有同学说：你挑的这么难，要再画起来肯定没指望展出了！但是这幅画是我喜欢的。即使它再难，我都有决心把它画好不是吗？人都是为了自己喜欢的东西才努力的，这是我第一个想法。我第二个想法：喜欢画画并不是一定要给自己套上个什么荣誉之类的东西，我只是单纯地喜爱它，喜欢动动手、用用心，只是对绘画过程的一种享受。然后我就果断地选择了这幅画。没有听从别人的建议。

起初画的时候是很着急的，所以就一直画不好，心里也烦躁，毕竟自己的绘画水平有限。之后，我试着让自己的浮躁的心情沉淀下来，静静地闭上眼睛，想着不能着急，要去享受画这幅画的过程。慢慢地，我用了心的画比一开始看起来好多了。但是很快又出现了问题：总有些细节我画得不是很清楚，所以我就凭着自己的想象把那些细节画上了。虽然难，但是我画的速度很快，差不多一个半天的时间就画完了。可我再一次发现了问题，还是有些细节画得不够完美。因此又换了张纸，准备重新画。这时妈妈看到了，拿起画很奇怪地说："这画得不是挺好的吗？"我坚定地对妈妈说"不行，没有达到我想要的效果！"妈妈对我微微一笑，

说道："加油！"我就是一个如此认真的人，我对自己就是这么严格。要么不画，要么就认真地把它画好。总结上幅画的经验，第二次画起来就比原先流畅多了。细节等等的都因为上幅画的经验而处理得更加细致、清晰了。我拿起第二幅画，心里开心得很，又十分地自豪。因为我挑战了自己。

把画交上去之后，我心里便开始打鼓，这幅照片这么难，虽然自己画出来了。但是肯定很多地方处理得都不成熟，会选上吗？当老师走过来跟我说我的画被选上的时候，我是有些惊喜的，但是更多的是一种快乐感和满足感。我挑战自己成功了。

对于绘画这个艰难的过程，其实，只要拥有勇气和信心，就一定会到达成功的彼岸的！迎着灿烂的阳光，继续向着挑战自己的道路走去，我相信自己！

杨秀红老师点评：

欣喜地看到你的画被选中，真替你高兴！有谁知道你成功背后的艰辛与付出呢。"有志者事竟成"，你用自己的行动诠释着这句话，我在心疼你的同时也很感动，更多的是深深的敬佩！你付出了常人难以想象的努力，要知道这动力来源于你阳光健康的心灵，还有追求上进的愿望，我也要向你学习。

续写半壁

缘伤逝悄然还退，

际浮云绯红眼底。

初秋漫夜，别一般沉浸的纷淼，

沸腾的心脏终究浒许。

难能的毅谁可知趣，

镀覆的旧月无有归期。

往瑟瑟独笠，

敞怀对雨。

再朦的伤痛也刮不净痕迹，

徒聚斑驳留心，

只剩血迹。

漫天边飞花凛落成泥，

似无城疆域谁潜芦笛。

殊不知废肋断筋真雄可饮，

余辉茫茫，沙舱渺渺，

我愿赋比投缘，

从信你，难能，是可信。

我不知再临转角和谁遇，

只知道，不会再是你。

施家胡同
SHI JIA HU TONG

作者：初三年级 李鑫（画）
初三年级 李鑫（文）

唐宇飞老师点评：

观其画，一股浓浓的古朴扑面而来，昔日年华，旧时街巷，悠悠岁月中不变的是古典的情怀，弥漫的是诗韵的气息。品其文，李鑫不由得让我们眼前一惊。我想，他定是沉浸在了这条无人的胡同之中，一任自己迷失在一个诗意般的世界里。"缘伤逝悄然还退，际浮云绯红眼底。"这里定有着一段属于伤心的过往；"往瑟瑟独笠，敞怀对雨。"那是一个秋雨纷纷的时节吧？"我不知再临转角和谁遇，只知道，不会再是你。"是执手相看泪眼般的结局吗？那是一个属于她自己的故事，一个存在于记忆中幻化成为诗的故事吧？那么，我们不妨也迷失一次，让自己同样沉浸其中，做一个故事的书写者吧。

掌扇胡同
ZHANG SHAN HU TONG

作者：初三年级 陈鸿博（画）
　　　初二年级 王晶菁（文）

唐宇飞老师点评：

　　这是戴望舒笔下的《雨巷》吗？这里不是江南，这里是古老的北京。这里有着沧桑的岁月痕迹，这里有着人们奔波忙碌的身影。陈鸿博同学用娴熟的绘画技巧，勾勒出一条普通而古老的胡同。谁说胡同一定是精致的？谁说那破旧的电线杆是时代退化的产物？这里的一切都是一种诉说。余秋雨曾这样说过，干净的痛苦会形成沉淀，沉淀成悠闲，悠闲是痛苦的终结，痛苦是悠闲的代价。画中的人很悠闲，我想这才是北京人固有的特点吧。因为他们经历了很多，任岁月流逝，任时代变迁，唯一不变的也许是穿行在胡同中人们的那声问候吧。

跨越千年的岁月，
古老与现代并存。
一代代人们的努力，
勾画出现代都市。
高楼林立的背后，
却难掩她的古老沧桑。
就像光亮脸颊的下面，
会有一道道岁月的痕迹。
她是历史的见证者，
她是城市的血脉，
是我们的家园，
是北京的掌扇胡同。

红语

作者：初三年级 李鑫（画）
初三年级 李鑫（文）

我心欲逐海，
烛光引未眠。
欲我不足皆为蛾，
难按辞明朔扑火。
亦转走，
此欲逐我围圈寄难逃。
归咎，
难离别，
我亦中心诉外跃，
龙之跃，
一跃过青天，
我欲驾驭龙奔去，
自陷百宁引浴血，
休难阻，
壮倾河畔风儿吼，
吼耳戳心难言受。

华之韵，
无以继承，
华之声，
难存长久，
华之馨，
一抹无踪影！
只流似为白玉霞，
绮霞胜似琼玉泠。
金丝樽樱犹烂漫，
不及独梅蔓枝头。
亦颂天，
亦颂海，
最美中华声，韵，馨。
但悲切，
此生无幸着实眼，
独饮路霜柿，
只道无为灭忠天，
信中华，
定勇乾坤纷飞燕，
温之髓，
翻尘亘古耀宗天。

琉璃厂夜景

唐宇飞老师点评：

那是一段属于奢华的过往，那是一段名叫盛世的岁月，那是一段定义为消失的故事。昔日琉璃厂的繁华胜景仿佛依稀在耳边又一次响起了，这源于李鑫的画作。马龙车水，旧时王谢，看多少北雁南飞泣残阳，历几番人间冷暖悲红血，方知道，流光年华，天上明月。李鑫不仅用她的画作给我呈现了一段历史，还用她的诗给我带来了一份思考。巍巍中华，翻尘亘古，但不变的是我们的灵魂，一个关于炎黄的故事。

悲鸿阳光

结构素描

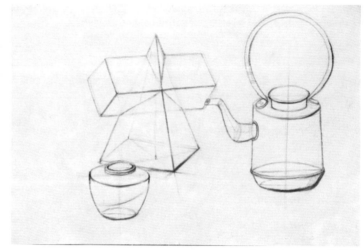

作者：初一年级 郑菁菁

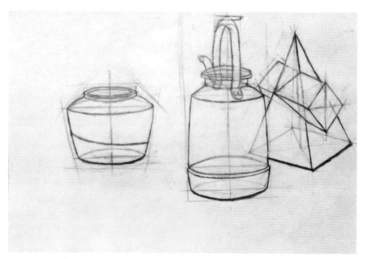

作者：初一年级 潘宇

素描静物

1　初一年级　肖文博
2　初一年级　邱　月
3　初一年级　吴雨桐
4　初一年级　展莹雪
5　初一年级　邱　月
6　初一年级　李　锐
7　初一年级　卢俊阳
8　初一年级　李熹颜
9　初一年级　肖文博

作者：初二年级 赵佳

作者：初二年级 苑嘉佑

素描静物

作者：初二年级 李正昊

作者：初二年级 陈婷

石膏像

人物头像

色彩静物

色彩风景写生

图案

后记：

　　光阴荏苒中，徐悲鸿中学初中部已经走过了 15 个寒暑春秋。作为一所公立美术特色初中校，我们在培养学生全面发展，认真完成九年义务教育的同时，积极进行课程改革，不断促进学生主动、和谐发展，力争让每一个学生都能够学有所长。

　　从 2009 年 10 月开始，学校在整合国家、地方、校本课程内容的过程中，创造性地开发了适合学生美术特色、能够真正促进学生积极主动发展的新型课程体系——"学生发展课"。经过两年多的实践，学生在心智、能力、素养等方面都获得了很大收获。

　　教育的最终目的是育人，是培养合格的社会公民。"学生发展课"作为综合类课程，具有国家课程校本化、地方课程精品化、校本课程特色化这三个特点。学校统筹规划，教师们积极实施，在流逝的时光和转瞬的实践中，同学们留下了最珍贵的记忆——经典诵读中学生用声情品味人格；写字课上学生的性情得以陶冶；扎染、设计、剪纸课上同学们互助合作学会宽容；户外写生中学生理解了互助友爱，这些都使学生们获得了最深刻的成长体验。

　　《笔绘致美》记录了同学们成长的足迹、心灵的感悟和对美、对社会的认识。同学们背着画夹、带着画笔、走出学校，与古老的胡同促膝交流，与地标性的建筑亲密接触，灵感从笔端迸发的瞬间，正是悲鸿学子人格品质升华的时刻。一幅幅画作讲述的是一个个不朽的故事，一笔笔线条是孩子们技艺和思想的体现。

回顾我们努力的过程，虽然有过泥泞和风雨，但是看到眼前精巧美丽的悲鸿校园就倍感欣慰。"在公平之上，还有更高一级的七弦琴，年华易逝，美境无疆，让我们一起见证成长"，这是刻在悲鸿校园内的一段话，它在诉说校园的生命意义。学生是学校生命的延续，学校也会因代表学生的成长而呈现勃勃生机。《笔绘致美》是一次见证学生成长的里程碑，以美养德、促进发展，我们会在促进学生全面发展的道路上继续探索。

在编辑出版本书的过程中，我们得到了廖静文女士、徐庆平先生的大力支持。在学校的发展过程中，王建宗先生、冯聪英女士都曾做出过巨大贡献，也谨以此书向以上各位表示诚挚的谢意与敬意！

张琳

2012 年 3 月

POSTSCRIPT

By Lin, ZHANG
March ,2012

As time goes by, Xu Beihong Junior High School has been here for 15 years. As the only one public middle school with the feature of art, our school focuses on promoting students' comprehensive development and the reformation of the curriculum as we finish the compulsory education seriously and successfully. We encourage students to have an outstanding speciality and propose students to develop well.

From October, 2009, with the reformation of the national curriculum ,local curriculum and school-based curriculum, our school creates a new kind of curriculum—the Development Classes, which adapt to the artistic features of students and can really help students to develop and grow positively. Through two years' practice, students have benefited from the classes a lot, especially in the psychology, ability, and quality aspects.

The final purpose of education is to educate people and cultivate the qualified citizens. The percept of "Development Classes" in the moral education ranges every aspects: Reading classics teaches students to experience life with their sound and mood; The handwriting class cultivates students sentiments; The laboratory course arouses students interest in the unknown areas; The tie-dyeing,the designment,the paper-cutting enable students help each other and learn tolerance; The education of adolescence make students learn how to protect themselves and respect others; The out-door painting enhances the students' understanding of friendship; During these wonderful activities, students get the most precious memory and the deepest experience.

The book of "painting making a wonderful life" records the

growing footprint of the students, their sentiment of Tthe soul and their understanding of beauty and society. With the painting portfolios and brushes, the students had an intimate contact with the ancient alleys and landmark buildings. Being placed in the nature, their inspiration was highly stimulated and their personality was perfectly sublimated. Each picture tells an immortal story and each line in the pictures is a manifestation of the students' skills and ideas.

Reviewing the past process of our hard work, in spite of the trials and tribulations we have expenenced, we feel grossly gratified when seeing the ingenious and beautiful schoolyard. "Based on fairness, there is still a higher level of the lyre. Time passes away quietly while there is no end of, feeling of beauty let's witness the grouth." , You can find these words in the schoolyard, which perfectly the meaning of life.Students are the continuation of school life, and on behalf of students'grouth, the school will also show its vitality. The book of "Painting making a wonderful life" is undoubtedly a milestone witnessing students'growth one more time. We will go on exploring how to promote students' comprehensive development and make the fragrance of educating and teaching throughout the world.

In the process of editing and publishing the book, we got the strong support from Mrs. Liao Jingwen and Mr. Xu Qingping.Besides, Mr. Wang Jian zong and Mrs. Feng Congying both made great contributions to the development of Xu Beihong Junior High school. I would like to take the chance to express my sincere appreciation and respect to all of the experts.

悲鸿特色活动

1. 中英基础教育合作学习研究项目研讨会

2. 廖静文女士寄期望于悲鸿初中

3. 以美会友，发展特色

4. 徐悲鸿中学初中部学生参加中华世纪坛清明节纪念文化先贤活动

5. 生命之舟——方舟同学个人画展

6. 麋鹿园写生

7. 山西绵山写生

8. 陶然亭写生

9. 徐悲鸿中学初中部学生书画作品走进中华世纪坛金色大厅

10. 首都博物馆"笔绘成长，通达致美"学生书画展